Die Rechtswirkungen

der

Veräußerung und der Belastung des vermieteten Grundstücks auf das Mietverhältnis

nach Deutschem Rechte.

Von

Dr. Wilhelm Zimmermann
Rechtsanwalt in München

München 1901
J. Schweitzer Verlag (Arthur Sellier)

Kgl. Hof- u. Univ.-Buchdruckerei von Fr. Junge (Junge & Sohn) Erlangen

Litteratur.

Karl Friedrich Arnold, Die Wohnungsmiete nach dem Bürgerlichen Gesetzbuche. 2. Aufl. München 1900.

H. Borcherdt, Das Mietrecht nach dem Bürgerlichen Gesetzbuche. Breslau 1899.

Hermann Brückner, Die Miete von Wohnungen und anderen Räumen nach dem Bürgerlichen Gesetzbuch für das Deutsche Reich. Leipzig 1900.

Konrad Cosack, Lehrbuch des Deutschen Bürgerlichen Rechtes auf Grundlage des Bürgerlichen Gesetzbuches für das Deutsche Reich. 2. Aufl. Jena 1899.

Dr. Carl Crome, Die juristische Natur der Miete nach dem Deutschen Bürgerlichen Gesetzbuche. Jena 1896.

Dr. F. Endemann, Einführung in das Studium des Bürgerlichen Gesetzbuchs. 5. Aufl. Berlin 1899.

Dr. Otto Fischer, Das Sachenrecht. Berlin 1896.

Dr. Otto Fischer und Wilhelm Henle, Handausgabe des Bürgerlichen Gesetzbuchs. 4. Aufl. München 1900.

Arnold Fränkel, Das Miet- und Pachtrecht nach dem Bürgerlichen Gesetzbuch für das Deutsche Reich. Berlin 1897.

Dr. Ludwig Fuld, Das Mietrecht nach dem Bürgerlichen Gesetzbuch für das Deutsche Reich. Leipzig 1898.

Dr. Paul Jäckel, Kommentar zum Reichsgesetz über die Zwangsversteigerung und die Zwangsverwaltung vom 24. März 1897. Berlin 1901.

Dr. Ludwig Kuhlenbeck, Kommentar zum Bürgerlichen Gesetzbuch. Berlin 1899.

Dr. J. Meisner, Das Recht der Schuldverhältnisse. Breslau 1898.

Dr. Max Mittelstein, Die Miete nach dem Rechte des Deutschen Reiches. Berlin 1900.

Paul Oertmann, Das Recht der Schuldverhältnisse. Berlin 1899.

Dr. G. Planck, Bürgerliches Gesetzbuch. 2. Aufl. Berlin 1898.

Dr. M. Scherer, Recht der Schuldverhältnisse des Bürgerlichen Gesetzbuches für das Deutsche Reich. Erlangen 1899.

Dr. Friedrich Schollmeyer, Das Recht der einzelnen Schuldverhältnisse im Bürgerlichen Gesetzbuche. Berlin 1897.

Dr. Julius v. Staudinger, Kommentar zum Bürgerlichen Gesetzbuch. München 1899.

Dr. Th. Wolff, Kommentar zum Reichsgesetz über die Zwangsversteigerung und die Zwangsverwaltung vom 24. März 1897. Berlin 1899.

Die Motive zum ersten Entwurf des B.G.B. sowie die Denkschrift zur Reichstagsvorlage sind nach der amtlichen Ausgabe (Berlin, Guttentag) die Protokolle der zweiten Kommission nach der metallographierten Ausgabe, außerdem nach der Materialiensammlung von B Mugdan (Berlin, R. v. Decker) citiert.

Inhaltsübersicht.

§ 1.

I. Einleitung.

Dem römischen und gemeinen Rechte folgend, adoptierte der erste Entwurf des Bürgerlichen Gesetzbuchs den mit dem Rechtssprichwort „Kauf bricht Miete“ bezeichneten Grundsatz, indem er der rechtlichen Konsequenz freien Lauf ließ, daß der Mietvertrag als obligatorischer Vertrag nur zwischen den Vertragsteilen Rechte und Verpflichtungen erzeugt und demgemäß der Sondernachfolger des Vermieters im Eigentum des vermieteten Grundstücks dem Mieter gegenüber an das Mietverhältnis nicht gebunden und daher berechtigt ist, dem Mieter das noch nicht überlassene Grundstück vorzuenthalten, von ihm aber, kraft seines dinglichen Rechtes, die sofortige Herausgabe zu verlangen, wenn ihm das Mietgrundstück bereits überlassen worden ist. Aus Billigkeitsrücksichten war dabei nur bezüglich des Zeitpunkts der Herausgabe eine Milderung vorgesehen.

Im Gegensatz zu diesem Standpunkt des ersten Entwurfes gewann in der zweiten Lesung die Auffassung Geltung, daß die modernen Lebensverhältnisse unter Berücksichtigung der Interessen des Mieters eine andere Lösung der Frage erheischen, und der Erwerber des vermieteten Grundstücks an das Mietverhältnis wenigstens dann gebunden sein müsse, wenn das Grundstück zur Zeit der Veräußerung dem Mieter bereits übergeben sei, daß also hier der Grundsatz „Kauf bricht nicht Miete“ Platz greifen müsse. Entsprechend den Beschlüssen der zweiten Kommission fand die Frage im

B.G.B. die grundsätzliche Regelung, daß im Falle einer Sondernachfolge der Erwerber des Grundstücks kraft Gesetzes an Stelle des Vermieters in das Mietverhältnis eintritt sofern das Grundstück zur Zeit der Veräußerung dem Mieter bereits überlassen worden ist, daß dagegen die Veräußerung Rechtsbeziehungen zwischen dem Erwerber und dem Mieter nicht erzeugt, wenn die Überlassung noch nicht stattgefunden hat, es sei denn, daß der Erwerber dem Vermieter gegenüber die aus dem Mietverhältnisse sich ergebenden Verpflichtungen übernommen hat. In entsprechender Weise ist der Fall der dinglichen Belastung des vermieteten Grundstücks geregelt.

Im B.G.B. sind jedoch nur für den Fall der freiwilligen Veräußerung Bestimmungen getroffen. Für den der Zwangsversteigerung blieb die Regelung dem Reichsgesetz über die Zwangsversteigerung und Zwangsverwaltung vom 24. März 1897 vorbehalten. Nach den Vorschriften dieses Gesetzes erleidet der Grundsatz „Kauf bricht nicht Miete“ im Interesse der Erzielung eines möglichst günstigen Versteigerungsergebnisses eine wesentliche Durchbrechung.

In der vorliegenden Abhandlung sollen die einschlägigen Vorschriften des B.G.B. und des Zwangsversteigerungsgesetzes im einzelnen dargestellt und die sich aus ihnen in Bezug auf das Mietverhältnis ergebenden Rechtsfolgen untersucht werden.

Die für die Miete maßgebenden Sätze haben im vollen Umfang auch für die Pacht Geltung, da gemäß § 581 Abs. 2 B.G.B. die Vorschriften über die Miete entsprechende Anwendung auf die Pacht finden und die §§ 582—597 bezüglich des Falles der Veräußerung des Grundstücks abweichende Bestimmungen nicht enthalten, da ferner auch das Zwangsversteigerungsgesetz Miet- und Pachtverhältnisse einander gleichstellt. Die Ergebnisse der Untersuchung gelten sonach durchweg auch für die Pacht.

II. Veräußerung des Grundstücks nach Überlassung an den Mieter.

§ 2.

A. Grundsatz: „Kauf bricht nicht Miete“ und seine Voraussetzungen.

1. § 571 Abs. 1 B.G.B. bestimmt: „Wird das vermietete Grundstück nach der Überlassung an den Mieter von dem Vermieter an einen Dritten veräußert, so tritt der Erwerber an Stelle des Vermieters in die sich während der Dauer seines Eigentums aus dem Mietverhältnis ergebenden Rechte und Verpflichtungen ein.“

In diesem Satz hat der nach den Beschlüssen der zweiten Kommission aufgenommene Grundsatz „Kauf bricht nicht Miete“ seine Formulierung gefunden. Nach dem Inhalt dieser Vorschrift treten, soferne die Veräußerung des vermieteten Grundstücks nach dessen Überlassung an den Mieter erfolgt, der Erwerber und der Mieter lediglich durch die Thatsache der Veräußerung kraft Gesetzes in obligatorische Rechtsbeziehungen zu einander, sie werden nach Maßgabe des bestehenden Mietverhältnisses einander berechtigt und verpflichtet. Die Art und der Inhalt dieser Rechtsbeziehungen sind später noch eingehend zu erörtern, hier genügt vorerst die Feststellung, daß der Erwerber des Grundstücks, obwohl er außerhalb des zwischen dem Vermieter und dem Mieter geschlossenen Vertrages steht, kraft Gesetzes an das Mietverhältnis gebunden ist und demgemäß den Mieter nicht auf Grund seines dinglichen Rechtes austreiben kann.

Die Vorschrift qualifiziert sich als Ausnahmebestimmung, als Anomalie gegenüber dem System des Gesetzes und ist als solche in den Beratungen der zweiten Kommission ausdrücklich anerkannt worden[1].

---

[1]) Protokolle S. 1876 (Mugdan II S. 816).

Wie sich aus dem Wortlaut des § 571 Satz 1 deutlich ergibt, gilt die Vorschrift nur für den Fall, daß der Eigentümer des Grundstücks der Vermieter ist, während sie keine Anwendung findet, wenn der Mieter von einem Nichteigentümer gemietet hat, was z. B. im Fall der Untermiete zutrifft. Auf ein Mietverhältnis letzterer Art übt die Veräußerung des Grundstücks einen unmittelbaren Einfluß nicht aus. Von welchen Rechtsfolgen für ein solches Mietverhältnis das Erlöschen der Berechtigung des Nichteigentümers ist, fällt nicht in den Rahmen dieser Abhandlung.

Voraussetzung für die Geltung des § 571 ist, daß ein wirklicher Mietvertrag vorliegt, also ein Vertrag, der den sich aus § 535 als notwendig ergebenden Inhalt besitzt. Verträge anderer Art, auch mietähnliche Rechtsverhältnisse, fallen nicht in den Bereich der Vorschrift, selbstverständlich mit Ausnahme des Pachtvertrags, für den, wie in der Einleitung bereits erwähnt, die für die Miete geltenden Sätze Anwendung finden.

§§ 571 ff. sprechen von dem „vermieteten Grundstück". Die Bestimmungen des Gesetzes sind aber in gleicher Weise maßgebend, wenn nur ein Teil eines Grundstücks vermietet ist, da gemäß § 580 die Vorschriften über die Miete von Grundstücken auch für die Miete von Wohnräumen und anderen Räumen Platz greifen. Die Ausführungen in vorliegender Abhandlung, bei denen zur Vereinfachung der Darstellung nur von der Vermietung des Grundstücks gesprochen wird, gelten sonach durchweg auch für den Fall der Vermietung eines Teiles eines Grundstücks, insbesondere eines einzelnen abgeschlossenen Raumes, z. B. einer Wohnung.

2. Der Eintritt des Erwerbers in die aus dem Mietverhältnis sich ergebenden Rechte und Verpflichtungen wird durch die „Veräußerung" des Grundstücks bewirkt. Wie der Gebrauch dieses Wortes deutlich besagt, gilt die Vorschrift des § 571 nicht bloß für den Fall des Verkaufes, sondern für jede Art rechtsgeschäftlicher Veräußerung, entgeltlicher wie unentgeltlicher, also für alle Fälle einer Singularsuccession,

z. B. auf Grund eines Tausches, einer Schenkung, eines Vermächtnisses [2]).

Nicht in den Geltungsbereich des § 571 fällt aber die Zwangsenteignung, da deren Regelung gemäß Art. 109 des Einf.-Ges. zum B.G.B der Landesgesetzgebung der einzelnen Bundesstaaten überlassen ist.

Auch für den Fall, daß der Vermieter das Eigentum am Grundstück gemäß § 928 Abs. 1 aufgibt und der Fiskus das Eigentum auf Grund Abs. 2 a. a. O. erwirbt, findet § 571 nicht Anwendung. Denn dieser hat nach seinem deutlichen Wortlaut nur den Fall im Auge, daß das Grundstück „von dem Vermieter an einen Dritten veräußert wird", was bei der Eigentumsaufgabe nach § 928 zweifellos nicht zutrifft [3]). Der Fiskus ist sonach berechtigt, von dem Mieter die Räumung des Grundstücks zu verlangen.

Die Rechtsfolgen des § 571 knüpfen sich nicht schon an das obligatorische Veräußerungsgeschäft, sondern erst an den Eigentumsübergang. Dieser allein ist die maßgebende juristische Thatsache. Dies ergibt sich zwingend daraus, daß Abs. 1 a. a. O. den Erwerber in die „während der Dauer seines Eigentums" sich ergebenden Rechte und Pflichten eintreten läßt, daß Abs. 2 ausdrücklich die Wendung „Übergang des Eigentums" an Stelle des Wortes „Veräußerung" gebraucht, daß auch die §§ 573, 574 und 575 als kritischen Zeitpunkt für die dort geregelten Fragen den Eigentumsübergang setzen [4]). Da gemäß §§ 873 und 925 das

---

[2]) Das Vindikationslegat des Gemeinen Rechts ist dem B.G.B. fremd. Gemäß § 2174 B.G.B. erlangt der Vermächtnisnehmer nicht das Eigentum an dem vermachten Gegenstand, sondern nur einen obligatorischen Anspruch gegen den Erben auf Übertragung des Eigentums.

[3]) So auch Mittelstein S. 293.

[4]) So auch Borcherdt S. 100; Fuld S. 210; Planck N. 2 zu § 571; Oertmann N. 2 zu § 571; Mittelstein S. 265; Staudinger Bem. B I 1) c) zu § 571 (S. 357).

Eigentum an einem Grundstück erst durch Eintragung der Rechtsänderung in das Grundbuch nach vorausgegangener Auflassung übergeht, so ist also die Eintragung in das Grundbuch der Veräußerungszeitpunkt, der für § 571 in Betracht kommt, und zwar als ausschließlich entscheidender. Denn angesichts der Fassung der §§ 571 ff. kann auch nicht davon die Rede sein, daß etwa, soferne die Veräußerung durch den Eigentumsübergang perfekt wird, zur Bestimmung des maßgebenden Zeitpunktes auf das Veräußerungsgeschäft zurückzugehen wäre.

Als Konsequenz ergibt sich, daß das Mietverhältnis auch dann den Vorschriften der §§ 571 ff. unterliegt, wenn das Grundstück zwar erst nach dem Veräußerungsgeschäft, aber noch vor der Eintragung in das Grundbuch dem Mieter überlassen wurde.

3. Voraussetzung für die Anwendbarkeit des § 571 ist, daß das Grundstück dem Mieter vor der Veräußerung „überlassen" wurde. Der Begriff „Überlassung" ist in § 571 nicht näher bestimmt. Eine Begriffsbestimmung enthält auch nicht der § 536, woselbst die Überlassung der Mietsache an den Mieter als Verpflichtung des Vermieters festgesetzt ist. Wie sich aber aus den Motiven ergibt[5]), ist zur Überlassung im Sinne des § 536 nicht notwendigerweise eine förmliche Übergabe erforderlich, es genügt vielmehr, daß der Mieter thatsächlich in den Stand gesetzt ist, den vertragsmäßigen Gebrauch auszuüben, d. i. die Freistellung und Überweisung der Mietsache, was z. B. bei abschließbaren Räumen regelmäßig in der Schlüsselübergabe besteht. Diese Begriffsbestimmung hat auch für die Überlassung im Sinne des § 571 zu gelten. Der Mieter muß also in die thatsächliche Lage, das Grundstück benützen zu können, versetzt sein.

Eine Streitfrage hat sich darüber erhoben, ob die Thatsache der einmal erfolgten Überlassung für sich allein

[5]) Motive II S. 370 (Mugdan II S. 205).

genügt, oder ob § 571 die Fortdauer des durch sie entstandenen Besitzes des Mieters im Zeitpunkt der Veräußerung erfordert.

Wie nicht zu bezweifeln ist, kann aus dem Wortlaut des Gesetzes selbst das Erfordernis der Besitzfortdauer nicht entnommen werden, und es fragt sich daher nur, ob nicht der dem § 571 zu Grunde liegende Gesetzeszweck zu einer anderen Auslegung führen muß. Es liegt nahe, als Zweck des Gesetzes anzunehmen, daß dem Erwerber des Grundstücks das Bestehen des Mietverhältnisses in zuverlässiger Weise erkennbar sein müsse. Von dieser Annahme aus käme man allerdings dazu, die Fortdauer des Besitzes als Voraussetzung zu erfordern, und eine Stütze hierfür ließe sich aus der Denkschrift zur Reichstagsvorlage des B.G.B. gewinnen, woselbst[6]) gesagt wird: „Mit der Rücksicht auf die Verkehrssicherheit wäre es unvereinbar, wenn dem Erwerber die Pflicht auferlegt würde, einen Mietvertrag auszuhalten, dessen Bestehen ihm nicht erkennbar ist. Die Erkennbarkeit ist aber nicht gesichert, bevor der Mieter sich im Besitze des Grundstücks befindet." Diese ex post angestellte Begründung der Gesetzesvorschrift ist jedoch durchaus nicht zutreffend. Sie leidet schon an sich an dem offensichtlichen Fehler, daß durch die Überlassung der Mietsache das Mietverhältnis, wenn auch in den meisten Fällen, so doch keineswegs immer für einen Dritten jederzeit erkennbar ist. Man denke z. B. an die Verpachtung eines Feldgrundstücks oder an die in Städten nicht selten vorkommenden Fälle der Vermietung eines Hausgartens zur Benützung an eine nicht in dem zugehörigen Hause wohnende Familie. Wo bleibt hier die Erkennbarkeit zu einer Zeit, da der Pächter nicht auf dem Felde arbeitet, der Mieter den Garten wegen schlechter Witterung nicht benützt? Die Begründung entspricht aber auch nicht den Erwägungen, die zur Aufnahme der Vorschrift des § 571 führ-

[6]) S. 75 (Mugdan II S. 1254).

ten. Nicht die Berücksichtigung der Verkehrssicherheit vom Standpunkt des Erwerbers aus betrachtet waren, wie sich aus den Protokollen der zweiten Lesung mit Deutlichkeit ergibt, maßgebend für die Schaffung der Vorschrift, daß nur bei vorausgegangener Überlassung des Grundstücks an den Mieter der Erwerber an den Mietvertrag gebunden sein soll; die Tendenz ging vielmehr dahin, im Interesse des Mieters, um ihn vor Austreibung zu schützen, dem vollzogenen Mietverhältnis eine auch gegen den Erwerber wirksame Kraft zu verleihen, wogegen man sich der Meinung hingab, daß nach den Verhältnissen des Lebens ein solcher Schutz für die noch nicht vollzogenen Mietverhältnisse nicht oder doch nur selten veranlaßt sei[7]. Ob letztere Erwägung sich als zutreffend erweist, ist hier einer Kritik nicht zu unterziehen. Das Ergebnis der Kritik wäre auch gleichgültig für unsere Frage; denn die Thatsache, daß auf jener Erwägung die Vorschrift des § 571 aufgebaut ist, bleibt bestehen. Das dieser Vorschrift zu Grunde liegende Prinzip geht also dahin, das vollzogene Mietverhältnis im Gegensatz zu dem noch nicht vollzogenen mit einer erhöhten Kraft auszustatten, ohne dabei das entscheidende Moment vom Gesichtspunkt des Grundstückserwerbers aus festzusetzen. Vollzogen ist aber das Mietverhältnis mit der Überlassung der Mietsache an den Mieter.

Als zutreffendes Ergebnis erscheint sonach nur die auch dem Wortlaut des § 571 entsprechende Auffassung, daß die einmalige Überlassung genügt. Dieser prinzipielle Standpunkt wird, während Meisner[8], Fuld[9] — dieser allerdings nicht ausnahmslos — und anscheinend auch Endemann[10] die Fortdauer des Besitzes verlangen, in der Litteratur über-

---

[7] Protokolle S. 1935 (Mugdan II S. 837).

[8] N. 1 zu § 571.

[9] S. 208.

[10] I S. 760 N. 10.

wiegend vertreten, so von Crome [11]), Planck [12]), Oertmann [13]), Borcherdt [14]) und Mittelstein [15]). Hinzuweisen ist insbesondere auf die Ausführungen bei Crome, woselbst hervorgehoben wird, daß die Überlassung nicht als Publizitätsmittel verwendbar ist, sondern die Funktion erfüllt, als untrügliches Beweismittel für die Priorität des Mietverhältnisses vor der Grundstücksveräußerung zu dienen. Im einzelnen gehen jedoch die Meinungen zum Teil auseinander. Als Einzelfälle stellen sich folgende zur Betrachtung:

a) Der Mieter überläßt den Besitz wieder dem Vermieter. Soferne nicht hiermit das Mietverhältnis selbst aufgehoben sein soll, was Thatfrage ist, erblicken Planck [16]) und Oertmann [17]) hierin eine die Anwendbarkeit des § 571 ausschließende Rückgängigmachung der Überlassung. M. E. ist der von Mittelstein [18]) vertretenen Anschauung beizupflichten, daß dies nur dann zutrifft, wenn feststellbar der Mieter auf seine durch die Überlassung begründeten Rechte verzichtet hat, während eine nur als zeitweilige gewollte Rücküberlassung, z. B. zum Zwecke gänzlicher Renovierung einer Wohnung, als solche Rückgängigmachung nicht angesehen werden kann.

Noch weniger kann der, auch von Oertmann abgelehnten Ansicht Plancks [19]) beigepflichtet werden, daß § 571 auch dann unanwendbar sei, wenn der Vermieter ohne den Willen des Mieters den Besitz wieder erlangt habe.

b) Der Mieter verliert den Besitz freiwillig oder unfreiwillig, ohne daß der Vermieter diesen erlangt. Überein-

---

[11]) S. 34, 35, 52 N. 64.

[12]) N. 2 zu § 571.

[13]) N. 1 zu § 571.

[14]) S. 99.

[15]) S. 269.

[16]) N. 2 a) zu § 571.

[17]) N. 1 zu § 571.

[18]) S. 269, 270.

[19]) N. 2 a) zu § 571.

stimmung herrscht, daß hier der Mieter seine Rechte nach § 571 nicht verliert. Zutreffend betont aber Mittelstein[20]) daß hier für Billigkeitserwägungen, mit denen Planck operiert, kein Raum ist, vielmehr die Entscheidung aus der positiv-rechtlichen Vorschrift des § 571 zu gewinnen ist.

c) Der Mieter überläßt die Mietsache einem anderen, z. B. einem Untermieter, in der Weise, daß er nach § 868 mittelbarer Besitzer bleibt. Da hier der Mieter den Besitz überhaupt nicht verliert, so ist die Anwendbarkeit des § 571 unbestritten.

4. Dem Grundstückserwerber gegenüber ist der Mieter auf den Schutz beschränkt, den ihm § 571 gewährt. Das Recht des Mieters ist der Eintragung in das Grundbuch nicht fähig. In den Beratungen der zweiten Kommission wurde gegen die Zulässigkeit der Eintragung mit Entschiedenheit Stellung genommen und ein auf die Erklärung der Zulässigkeit abzielender Antrag abgelehnt[21]). Daß das Mietrecht der Eintragung nicht fähig ist, hat bisher eine Bestreitung nicht gefunden[22]).

§ 3.

B. Rechtsstellung des Erwerbers und des Mieters im allgemeinen.

1. Sind die im vorstehenden erörterten Voraussetzungen vorhanden, so tritt der Erwerber an Stelle des Vermieters in die sich während der Dauer seines Eigentums aus dem Mietverhältnis ergebenden Rechte und Verpflichtungen ein.

Wie ist dieser Rechtsvorgang zu konstruieren? Es liegt

---

[20]) S. 269.

[21]) Protokolle S. 1933 ff. (Mugdan II S. 837.

[22]) Vgl. Crome S. 26; Planck N. 4 zu §§ 571 ff.; Borcherdt S. 1; Cosack II S. 281; Scherer N. 3 zu § 571 ff.; Mittelstein S. 268.

nahe, eine gesetzliche Cession der Forderungen aus dem Mietvertrage einerseits und Übernahme der Verpflichtungen andererseits anzunehmen. Dies thut Scherer[23]), der den Eintritt einer gesetzlichen Cession positiv behauptet. Daß auch Endemann (§ 169 N. 11) und Gerber-Cosack (Deutsches Privatrecht § 208 S. 354) die gleiche Annahme vertreten, wie Oertmann[24]) meint, scheint mir nicht zuzutreffen. Diese sprechen zwar von einer „Succession des Erwerbers in das Mietverhältnis", ohne aber meiner Auffassung nach den Eintritt dieser Succession im Wege gesetzlicher Cession und Schuldübernahme zu behaupten.

Die Annahme einer gesetzlichen Cession bezw. Schuldübernahme ist mit Entschiedenheit zu bekämpfen. Hiergegen spricht nicht nur die Entstehungsgeschichte des Gesetzes, sondern auch der Inhalt der in Betracht kommenden gesetzlichen Vorschriften. Bei den Beratungen der zweiten Kommission wurde der Antrag, den Eintritt des Erwerbers in das Mietverhältnis nach Maßgabe der für die Cession geltenden Vorschriften erfolgen zu lassen, abgelehnt und ausdrücklich betont, daß diese Konstruktion nur für den Übergang der Forderungsrechte auf den Erwerber, nicht aber der sonstigen Rechte genügen würde, so daß immer eine Duplizität des Mietverhältnisses bestehen bliebe. Eine unannehmbare Gefährdung des Erwerbers würde ferner in der aus der Cessionsnatur sich ergebenden Konsequenz liegen, daß der Erwerber an die Vorausverfügungen des Vermieters über künftige Mietzinse unbeschränkt gebunden wäre, so daß er vielleicht jahrelang dem Mieter die Mietsache gewähren müßte, ohne Entgelt dafür zu erhalten[25]). Der Beschluß der Kommission, der seinen Ausdruck in der Fassung des § 571 fand, ging demgemäß dahin, von Rechtswegen an den Erwerb des Grundstücks den Eintritt in die sich aus dem Mietverhältnis er-

[23]) N. 6 I zu §§ 571 ff.

[24]) N. 2 a zu § 571.

[25]) Protokolle S. 1876 (Mugdan II S. 816, 817).

gebenden Rechte und Verbindlichkeiten zu knüpfen, wodurch, wie bei den Beratungen ausgeführt wurde, die mit der Konstruktion des cessionsweisen Übergangs verbundenen Mißstände vermieden werden. Diese Erwägungen waren zweifellos zutreffend.

Der Eintritt des Grundstückerwerbers in die aktive und passive Seite des Mietverhältnisses erfolgt also kraft Gesetzesvorschrift als notwendige Folge des Eigentumsübergangs. Der Erwerber erhält die in dem Mietverhältnis begründeten Rechte und Pflichten nicht aus der Person des veräußernden Vermieters, sondern qua sua persona kraft eigenen mit dem Eigentum am Grundstück verknüpften Rechtes.

Diese Auffassung wird auch in der Litteratur überwiegend vertreten, so von Crome[26]), Schollmeyer[27]), Planck[28]), Oertmann[29]), Borcherdt[30]), Mittelstein[31]) und Arnold[32]).

Dem Gedanken der mit dem Eigentum an dem Mietgrundstück verknüpften Sondernachfolge in die sich aus dem Mietverhältnis ergebenden Rechte und Pflichten entspricht die Vorschrift, daß der Eintritt des Erwerbers nicht schlechtweg, sondern nur für so lange, als der Erwerber Eigentümer des Grundstücks ist, erfolgt.

Ist, wie oben gezeigt, die Annahme einer gesetzlichen Cession und Schuldübernahme abzulehnen, so erhebt sich die weitere Frage, ob — unter Wahrung der gewonnenen richtigen Auffassung — von einem „Eintritt des Erwerbers in das Mietverhältnis" gesprochen werden kann. Zweifellos war dies die Auffassung der zweiten Kommission, bei deren Beratungen der Rechtsvorgang ausdrücklich als Eintritt des

---

26) S. 23, 37.
27) S. 52.
28) N. 1 zu 571.
29) N. 2 zu § 571.
30) S. 100 N. 1.
31) S. 271.
32) S. 108 N. 4 a.

Erwerbers in das Mietverhältnis bei gleichzeitigem Ausscheiden des Vermieters bezeichnet wurde und deren ausgesprochene Absicht es war, eine „Duplizität des Mietverhältnisses" zu vermeiden[33]. Hiermit stimmen auch die Ausführungen der Denkschrift[34] überein. Gleichwohl verficht Rönnberg[35] die Meinung, es könne von einem Eintritt in diesem Sinne nicht gesprochen werden, vielmehr sei der Begriff „aus dem Mietverhältnisse sich ergebende Rechte und Verpflichtungen" auseinander zu halten von dem Begriffe des „Mietverhältnisses" selbst und es trete der Erwerber zwar in die Summe jener Rechte und Verpflichtungen ein, das durch den Mietvertragsabschluß zwischen dem Vermieter und Mieter erzeugte Rechtsverhältnis aber, das Mietverhältnis selbst, bleibe trotz der Grundstücksveräußerung von Bestand. Auf Grund dieser Auffassung kommt er dazu, auch nach der Veräußerung die Kündigung des Mieters gegenüber dem Vermieter — statt dem Erwerber — für zulässig und wirksam zu erklären. Dieser Anschauung kann nicht beigepflichtet werden. Rönnberg ist der Meinung, die in den Protokollen der zweiten Kommission und in der Denkschrift niedergelegte Auffassung sei nicht diejenige des *Gesetzes*, und sucht dies aus letzterem zu beweisen. Seine Argumentation geht jedoch fehl. Wenn er in der Fassung: „die sich während der Dauer seines Eigentums aus dem Mietverhältnis ergebenden Rechte und Verpflichtungen" einen gewollten Gegensatz gegenüber dem Begriffe „Mietverhältnis" zu erblicken glaubt, so übersieht er, daß diese Fassung schon den Beratungen der zweiten Kommission zu Grunde lag und diese Fassung offenbar gewählt war, um den Eintritt des Erwerbers *kraft eigenen Rechts und nur für die Dauer seines Eigentums* in präziser und knapper Form zum

---

[33]) Protokolle S. 1875, 1876, 1884 (Mugdan II S. 816, 819).

[34]) S. 76 (Mugdan S. 1254).

[35]) Archiv für Bürgerliches Recht, B. 17 S. 78 ff.

Ausdruck zu bringen. Ebensowenig stichhaltig erscheint der Hinweis darauf, daß § 571 Abs. 2 noch vom „Vermieter" im Gegensatz zum Erwerber spreche und nicht die Wendung „der ursprüngliche Vermieter" gebrauche, ferner den Vermieter wie einen Bürgen haften lasse und nicht als Bürgen, wie der in der Kommission gestellte Antrag lautete. Denn in dieser Fassung des Gesetzestextes ist nichts anderes als eine sprachlich korrektere Ausdrucksweise zu erblicken. Wenn Rönnberg ferner die Frage aufwirft, wie das Gesetz, das ja mit dem Grundsatz „Kauf bricht nicht Miete" gerade den Schutz und das Interesse des Mieters im Auge habe, dazu kommen sollte, dem Mieter ein Mietverhältnis aufzudrängen, das er nicht will und an dessen Möglichkeit er nicht gedacht hat, so ist zu entgegnen, daß der Gesetzgeber allerdings zunächst von dem Gesichtspunkte jenes Schutzes ausging, andererseits aber in voller Absicht auch den Mieter an den Erwerber binden wollte. Hierfür bildet deutlichen Beweis die Ablehnung des in der zweiten Kommission gestellten Antrags, dem Mieter für den Fall der Grundstücksveräußerung eine vorzeitige Kündigung zu gewähren, und die Motivierung der Ablehnung, daß der Antrag einseitig den Mieter auf Kosten des Vermieters und des Erwerbers begünstige und juristisch inkonsequent sowie wirtschaftlich bedenklich sei[36]).

Fehl schlägt auch die Argumentation Rönnbergs, die sich darauf stützt, daß — worüber später noch die Rede sein wird — der Vermieter von seiner bürgschaftsmäßigen Haftung frei wird, wenn der Mieter nach der Veräußerung nicht für den ersten zulässigen Termin das Mietverhältnis kündigt. Nach seiner Meinung soll sich diese Beendigung der Haftung, — die er mit dem Termin, an dem die erste Kündigungsmöglichkeit besteht, eintreten lassen will — nur so begründen lassen, daß mit jenem Zeitpunkt auch das Mietverhältnis zwischen dem Vermieter und dem Mieter

---

[36]) Protokolle S. 1881 (Mugdan II S. 817).

aufhöre und zwar auf Grund der Fiktion, daß der Mieter nunmehr mit dem Eintritte des Erwerbers an Stelle des Vermieters in das Mietverhältnis, der ohne seine Genehmigung nicht stattfinden könne, einverstanden sei, den Erwerber nunmehr als Vermieter anerkenne und annehme. Dieser Schluß ist falsch. Denn für das Erlöschen der Haftung bedarf es überhaupt nicht der Konstruktion eines Grundes, da es auf der positiven Vorschrift des § 571 Abs. 2 beruht. Das gesetzgeberische Motiv für diese Bestimmung aber liegt darin, daß kein Anlaß dazu besteht, dem Mieter die in der Mithaftung des Vermieters liegende Sicherheit weiterhin zu gewähren, wenn er freiwillig das ihm kraft Gesetzes aufgedrängte Mietverhältnis mit dem Erwerber fortsetzt. Dazu kommt noch, daß sich die Begründung nur insoferne aus dem Gesichtspunkte der Genehmigung herleiten ließe, als es sich um die Willensrichtung handelt, das Mietverhältnis über denjenigen Zeitpunkt hinaus fortzusetzen, bis zu welchem der Mieter an das Rechtsverhältnis auf alle Fälle gebunden ist, d. h. über den Termin hinaus, für den erstmals gekündigt werden kann. Erst von diesem Termin ab erlischt die Haftung des Vermieters, worüber in § 5 dieser Abhandlung eingehender gesprochen werden wird.

Endlich kann auch der Hinweis auf § 579 nicht durchschlagend sein. Denn wenn auch nach dessen Vorschrift den Erwerber im Falle der Weiterveräußerung nicht wie den Vermieter eine bürgschaftsmäßige Haftung für die Zukunft trifft, so liegt der innere Grund dieser Vorschrift darin, daß nach positiver Bestimmung des § 571 der Erwerber nur für die Dauer seines Eigentums in das Mietverhältnis eintreten und demgemäß über diese Zeit hinaus einer Haftung nicht unterliegen soll. Ob es nicht gesetzgeberisch zweckmäßiger gewesen wäre, auch dem Erwerber die bürgschaftsmäßige Haftung aufzuerlegen, ist hier nicht zu erörtern, da eine Kritik des Gesetzes nicht Gegenstand dieser Abhandlung ist.

Wie im vorstehenden gezeigt, ist die Behauptung Rönnbergs, die Auffassung der zweiten Kommission sei nicht auch die des Gesetzes, unbegründet. Gegen seine Konstruktion ist aber auch der Einwurf berechtigt, daß es ein Unding wäre, das Fortbestehen eines Mietverhältnisses anzunehmen, dem jeder Inhalt fehlt. Ist ja doch durch die Veräußerung in sämtliche Rechte und Verpflichtungen der Erwerber eingetreten. Rönnberg will allerdings dem Mieter die Befugnis zusprechen, auch nach der Veräußerung dem Vermieter zu kündigen. Diese Meinung erweist sich aber, wie im folgenden Abschnitt gezeigt werden wird, auch aus anderen Gründen als unhaltbar.

Es ergibt sich sonach als Resultat, daß der durch die Veräußerung des Grundstücks bewirkte Rechtsvorgang unbedenklich als Eintritt des Erwerbers „in das Mietverhältnis“ bezeichnet werden kann. Von einem solchen Eintritt sprechen denn auch Schollmeyer[37]), dem sich Planck[38]) anschließt, Endemann[39]), Borcherdt („Succession in das Mietverhältnis“)[40]), Brückner[41]). Dagegen acceptiert Mittelstein[42]) die Auffassung Rönnbergs, ohne jedoch dessen Meinung bezüglich der Kündigung zu billigen. —

Wie oben bereits erwähnt, fand der Grundsatz „Kauf bricht nicht Miete“ nicht einseitig zum Vorteil des Mieters Aufnahme in das Gesetz. Die Vorschrift des § 571 wirkt für und gegen den Mieter. Auch dieser ist an den durch den Eintritt des Erwerbers geschaffenen neuen Rechtszustand gebunden, ohne Rücksicht darauf, ob er ihm genehm ist oder nicht.

2. Die Wirkungen des Eintritts des Erwerbers in das Mietverhältnis bestehen darin, daß der Erwerber für die

---

[37]) S. 52.
[38]) N. 1 zu § 571.
[39]) I S. 760.
[40]) S. 100 N. 1.
[41]) S. 124.
[42]) S. 271.

Dauer seines Eigentums voll und ganz an die Stelle des Vermieters tritt und letzterer aus dem Mietverhältnis ausscheidet. Mieter und Erwerber stehen sich während der bezeichneten Zeitdauer in Ansehung ihrer gegenseitigen Rechte und Verpflichtungen genau so gegenüber, wie vor der Veräußerung Mieter und Vermieter. Der Erwerber hat also dem Mieter den dem Mietvertrag entsprechenden Gebrauch des Grundstücks zu gewähren und die sonstigen Vermieterverpflichtungen zu erfüllen, andererseits vom Mieter die Entrichtung des Mietzinses und die Erfüllung seiner sonstigen Verpflichtungen, insbesondere die Rückgabe des Grundstücks nach Beendigung des Mietverhältnisses zu fordern, die Kündigung steht dem Erwerber zu und ist ihm gegenüber vom Mieter erklären u. s. w.

Mit dem Ausscheiden des Vermieters erfolgt aber nicht eine völlige Durchschneidung des zwischen ihm und dem Mieter durch den Abschluß des Mietvertrags geknüpften Bandes. An Stelle der sich aus dem Mietverhältnis ergebenden Verpflichtungen überbürdet das Gesetz im Interesse des Mieters dem Vermieter eine bürgschaftsmäßige Haftung für Schadensersatzansprüche, die dem Mieter gegen den Erwerber wegen Nichterfüllung der Vertragspflichten zustehen (§ 571 Abs. 2).

Die sich im einzelnen ergebende Rechtslage des Mieters, Erwerbers und Vermieters findet in den folgenden Abschnitten eingehende Darstellung.

3. Der durch die Veräußerung zwischen dem Erwerber und dem Mieter bewirkte Rechtszustand ist seiner Natur nach nicht ein vertragsmäßiger, sondern ein kraft Gesetzes entstandener, der auch gegen ihren Willen eintritt. Selbstverständlich können sie aber diesen Rechtszustand zu einem vertragsmäßigen gestalten. Dies kann durch ausdrücklichen Abschluß eines Mietvertrags des Inhaltes, wie ihn das Mietverhältnis zur Zeit der Grundstücksveräußerung hatte, aber auch durch konkludente Handlungen geschehen.

Letzteres ist allerdings dann noch nicht der Fall, wenn der Mietzins gezahlt und genommen wird, wenn der Gebrauch der Mietsache gefordert und gewährt wird und dergl.; denn solche Handlungen stellen lediglich eine Ausübung der Rechte bezw. Erfüllung der Verpflichtungen aus dem kraft Gesetzes eingetretenen Rechtsverhältnis dar. Wohl aber liegt Gestaltung des Rechtszustandes zu einem vertragsmäßigen vor, wenn der Inhalt des Mietverhältnisses geändert wird, z. B. die Gebrauchsrechte des Mieters erweitert oder eingeschränkt werden, der Mietzins erhöht oder ermäßigt wird[43]).

Wird aber ein Vertragsverhältnis auch dadurch begründet, daß der Mieter die Kündigung für den ersten nach der Veräußerung zulässigen Termin unterläßt? Diese Frage wird bejaht von Rönnberg[44]) und Mittelstein[45]), verneint von Cosack[46]). M. E. ist sie zu bejahen, da in der Unterlassung der Kündigung die Dokumentierung des Willens, das Rechtsverhältnis fortzusetzen, zu erblicken ist. Dies gilt jedoch nicht bedingungslos. Die Unterlassung der Kündigung kann jenen Effekt nur dann haben, wenn mit der hierin enthaltenen Willensäußerung des Mieters auch die übereinstimmende Willensäußerung des Erwerbers zusammentrifft, da die einseitige Erklärung einen Vertrag zu begründen nicht vermag. Willenseinigung liegt sonach — abgesehen von dem Fall ausdrücklicher Zustimmung des Erwerbers — nur dann vor, wenn der Erwerber nach dem Eigentumsübergang ebenfalls in der Lage war, für jenen ersten Termin oder einen früheren Zeitpunkt zu kündigen, die Kündigung aber unterließ, dagegen nicht, wenn er, was bei ungleichartiger Festsetzung der Kündigung möglich ist, für jenen ersten Termin noch nicht kündigen konnte. Bei Ablehnung dieser Anschauung käme man zu dem unhaltbaren Resultat, daß

---

[43]) Mittelstein, S. 273, 274.

[44]) Archiv für Bürgerl. Recht, Bd. 17 S. 84.

[45]) S. 274.

[46]) Bd. II S. 285.

die einseitige Unterlassung des Mieters ein Vertragsverhältnis selbst gegen den Willen des Erwerbers herbeizuführen im stande wäre. Konnte der Erwerber für den ersten dem Mieter offenstehenden Termin noch nicht kündigen, so tritt infolge der Unterlassung des Mieters die besagte Rechtswirkung erst dann ein, wenn in der Folgezeit auch der Erwerber von der ersten Kündigungsmöglichkeit keinen Gebrauch macht. Für die Bestimmung des dem Mieter zustehenden ersten Kündigungstermins ist hier nicht, wie von Mittelstein[47]) angenommen, die Veräußerungsanzeige des Vermieters an den Mieter Voraussetzung. Eine solche Anzeige ist kraft Vorschrift des § 571 Abs. 2 nur für die Befreiung des Vermieters von seiner Haftung unerläßliche Bedingung, wegegen es sich hier um einen Vertragsabschluß im Wege stillschweigenden Uebereinkommens handelt. Hier muß daher die — gleichgültig woher — erlangte Kenntnis des Mieters von der Veräußerung als Voraussetzung genügen, wie ja auch die ausdrückliche Vereinbarung zwischen Mieter und Erwerber das Vertragsverhältnis herstellt, ohne daß die Veräußerungsanzeige als Voraussetzung erfordert werden kann.

Kommt der Unterlassung der Kündigung die besprochene Wirkung zu, so fragt es sich weiter, in welchem Zeitpunkt der Vertragszustand seinen Anfang nimmt. Rönnberg[48]) und Mittelstein[49]) bezeichnen als diesen Zeitpunkt den Termin, an welchem der Mieter erstmals kündigen konnte, da mit der Unterlassung der Kündigung schon die Willensdokumentierung erfolge. Dieser Meinung ist zu entgegnen, daß sie den Inhalt der Willensrichtung der Parteien verkennt. Diese geht auf Fortsetzung des Mietverhältnisses über den Zeitpunkt hinaus, bis zu dem der Mieter auch ohne seinen Willen

[47]) S. 274 („nachdem er von dem Vermieter von dem Eigentumsübergang in Kenntnis gesetzt war").

[48]) a. a. O.

[49]) S. 272—274.

kraft Gesetzes an den Erwerber des Grundstücks gebunden ist, d. i. der Termin, für welchen er erstmals kündigen kann. Als Zeitpunkt der Entstehung des vertraglichen Rechtszustandes ist daher der Termin, für den die Kündigung erstmals zulässig ist, zu erachten.

4. Bei den bisherigen Erörterungen wurde nur der Fall in Betracht gezogen, daß der Vermieter das ganze Mietgrundstück an einen Erwerber veräußert. Wie gestaltet sich aber die Rechtslage, wenn das Grundstück an mehrere Personen oder wenn nur ein Teil des Grundstücks veräußert wird? Eine spezielle Vorschrift für diese Fälle gibt das Gesetz nicht, die Entscheidung der Frage ist daher aus den für die Grundstücksveräußerung geltenden Sätzen und den allgemeinen Rechtsgrundsätzen sinngemäß abzuleiten. Arnold[50]) und Staudinger[51]) nehmen an, es sei mangels entsprechender Vereinbarungen in beiden Fällen davon auszugehen, daß die beiderseitigen Leistungen im wesentlichen unteilbar seien, daher nicht partielle Kündigung erfolgen und der Mieter seine Mietzinspflicht nicht einseitig unter die Mehrheit der Erwerber verteilen könne. M. E. ist die Entscheidung, wie folgt, zu treffen.

Wird das ganze Grundstück an mehrere Personen veräußert, so treten die mehreren Erwerber gemeinschaftlich in gleicher Weise wie der Einzelerwerber in das Mietverhältnis ein und stehen sonach in ihrer Gesamtheit an Stelle des Vermieters dem Mieter gegenüber. Die aus der Mehrheit der Personen sich ergebenden Besonderheiten sind die gleichen wie in dem Fall, daß eine Mehrheit von Personen ein Grundstück vermietet hat. Mit Recht ist hier allerdings von der Einheitlichkeit des Mietverhältnisses und der Unteilbarkeit der beiderseitigen Leistungen, soweit eine solche vorliegt, auszugehen. Die Kündigung kann nicht von einem einzelnen

---

[50]) Blätter für Rechtsanwendung Bd. 63 S. 376.

[51]) Bem. B. I 1) a) zu § 571 (S. 356).

Erwerber und ihm gegenüber, sondern nur von allen und allen gegenüber mit Wirksamkeit erklärt werden[52]). Unteilbar sind die Vermieterverpflichtungen, die mehreren Erwerber haften sonach samtverbindlich. Andererseits bestehen auch unteilbare Verpflichtungen des Mieters, insbesondere die Verpflichtung zur Rückgabe der Mietsache nach Beendigung des Mietverhältnisses. Insoweit kann gemäß § 432 der Mieter nur an alle Erwerber gemeinschaftlich leisten und jeder Erwerber nur die Leistung an alle fordern. Zweifel ergeben sich aber bezüglich des Mietzinses. Außer Arnold[53]) und Staudinger fordert auch Mittelstein[54]), daß der Mietzins an die mehreren Vermieter gemeinschaftlich zu leisten sei, während Brückner[55]) die Meinung vertritt, es sei dieser mangels gegenteiliger Vereinbarung an jeden Vermieter zu seinem Anteil zu entrichten, weil die Zahlung einer Geldsumme eine teilbare Leistung darstelle[56]), und sonach § 432 hier nicht zur Anwendung kommen könne. M. E. ist der Anschauung Brückners beizutreten. Zu welchen Anteilen die einzelnen Erwerber an dem Grundstück berechtigt sind, kann der Mieter aus dem Grundbuch ersehen.

Dem behandelten Fall analog gestaltet sich die Rechtslage, wenn der Vermieter einen ideellen Teil des Grundstücks veräußert, so daß dieses von da ab in seinem und des Anteilerwerbers Miteigentum steht.

Völlig anders zu beurteilen ist dagegen der Fall, daß der Vermieter einen reellen Teil des Grundstücks veräußert, so daß nunmehr ein Teil der Mietsache in das Eigentum des Erwerbers übergeht, während der andere Teil bei dem Vermieter verbleibt. Als Beispiel diene der Fall, daß der

---

[52]) Vgl. Motive II S. 413 (Mugdan II S. 230); Mittelstein S. 225 und die dortigen Citate; Arnold S. 137.

[53]) S. 76.

[54]) S. 160.

[55]) S. 66.

[56]) Planck, N. 2 zu § 420.

Eigentümer eines Grundstücks, auf dem sich mehrere einzelne Gebäude befinden und das er im ganzen vermietet hat, parzelliert und einen Teil an einen Dritten verkauft. Hier tritt der Erwerber des veräußerten Teiles selbstverständlich nur in Ansehung dieses Teiles in das Mietverhältnis ein, während bezüglich des bei dem Vermieter verbleibenden Teiles Rechtsbeziehungen zwischen ihm und dem Mieter nicht entstehen. Die Einheitlichkeit des Mietverhältnisses erleidet hier also nach der Natur der Sache eine Zerreißung. Von der Teilveräußerung ab ist der Mieter in Ansehung der einzelnen Teile je dem Vermieter und dem Teilerwerber gegenüber berechtigt und verpflichtet. Die vor der Teilveräußerung rücksichtlich des bis dahin ungeteilten Mietverhältnisses unteilbaren Leistungen werden durch die Veräußerung insoferne teilbar, als nunmehr der Vermieter und der Teilerwerber nur in Ansehung ihrer Grundstücksteile zu leisten haben und vom Mieter Leistung fordern können. Sowohl der Vermieter als auch der Teilerwerber steht dem Mieter selbständig gegenüber. Von gemeinschaftlicher Ausübung von Rechten und Leistung des Mieters an Beide gemeinschaftlich kann nicht die Rede sein. Die Kündigung steht bezüglich der einzelnen Grundstücksteile allein dem Eigentümer des betreffenden Teiles zu und ist ihm allein gegenüber zu erklären. Hinsichtlich des einen Teiles kann sonach das Mietverhältnis fortbestehen, auch wenn es hinsichtlich des anderen beendigt wird. Die Zahlung des Mietzinses, der in den oben erörterten Fällen an die Miteigentümer nach Maßgabe ihrer Anteile zu entrichten war, hat hier an den Vermieter und den Teilerwerber nach dem Verhältnis ihrer Teile zu erfolgen.

Den Maßstab für die Verteilung bilden die den einzelnen Grundstücksteilen zukommenden Mietwerte im Verhältnis zu dem für die ungeteilte Mietsache festgesetzten Mietzins. Wird zwischen dem Vermieter und dem Teilerwerber eine Einigung über die Verteilung des Mietzinses nicht erzielt, so kann sich der Mieter durch Hinterlegung gemäß § 372 von seiner Mietzinsverpflichtung befreien.

§ 4.

C. **Rechtsstellung des Erwerbers und des Mieters im einzelnen.**

1. Maßgebend für das Rechtsverhältnis zwischen dem Grundstückserwerber und dem Mieter ist der volle Inhalt des Mietvertrags, wie er im Zeitpunkt des Eigentumsüberganges besteht. Für und gegen den Erwerber wirksam sind alle bis zu diesem Augenblick zwischen dem Vermieter und dem Mieter hinsichtlich des Mietverhältnisses vorgenommenen Rechtsgeschäfte — besondere Vorschriften gelten nur, wie unten noch darzustellen, bezüglich des Mietzinses — z. B. Aenderungen oder Ergänzungen der ursprünglichen Vertragsbestimmungen, Einigung über Beendigung des Mietverhältnisses, Verzicht auf einzelne Vertragsverpflichtungen, einseitige empfangsbedürftige Erklärungen, wie Kündigungserklärungen, Fristsetzungen nach § 542, Abmahnungen nach § 550 und 553 u. s. w. An die Wirksamkeit solcher Rechtsgeschäfte ist der Erwerber, auch wenn sie für ihn ungünstig sind, wie überhaupt an den Inhalt des Mietvertrags unbeschränkt gebunden. Ihm steht nicht der Schutz des guten Glaubens zur Seite, er ist auch an den ihm ungünstigen Vertragsinhalt gebunden, selbst wenn er von ihm zur Zeit des Eigentumsübergangs keine Kenntnis hatte. Gleichgültig ist es dabei, ob die Unkenntnis auf eigenem Verschulden des Erwerbers beruhte oder nicht. Selbst arglistige Vorspiegelungen des Grundstücksveräußerers über das Mietverhältnis geben dem Erwerber nicht das Recht, dem Mieter gegenüber den aus dem Vertrag entspringenden Verpflichtungen sich zu entziehen. Eine Rechtspflicht des Mieters, dem Erwerber Aufschluß über den Vertragsinhalt zu geben, widrigenfalls der von dem Vermieter angegebene Inhalt als maßgebend zu gelten

habe, ist vom Gesetze nicht statuiert. Ein hierauf abzielender in der 2. Kommission gestellter Antrag wurde abgelehnt[57]).

Selbstverständlich kommen die dem Mietvertrag anhaftenden Mängel auch für und gegen den Erwerber zur Geltung, so z. B. die Nichtbeachtung der Schriftform im Falle des § 566, die Nichtigkeit oder Anfechtbarkeit des Vertrags u. s. w. Auf die Nichtigkeit des Vertrags kann sich der Mieter wie der Erwerber unmittelbar berufen, da dem nichtigen Rechtsgeschäft jede Wirksamkeit versagt ist. Dagegen ist für die Geltendmachung der Anfechtbarkeit erforderlich, daß die Anfechtung in gesetzmäßiger Weise erklärt wird. Die Anfechtungserklärung kann aber mit Wirksamkeit vom Mieter nur dem Vermieter, nicht dem Erwerber gegenüber, wie andererseits dem Mieter gegenüber nur vom Vermieter, nicht vom Erwerber vorgenommen werden[58]). Dies ergibt sich aus § 143, wonach die Anfechtung durch Erklärung gegenüber dem Anfechtungsgegner zu erfolgen hat, der Anfechtungsgegner aber bei einem Vertrage der andere Teil, d. h. der Gegenkontrahent ist. Die Anfechtung auch seitens des Sondernachfolgers und diesem gegenüber zu gestatten, hat das Gesetz abgelehnt[59]). Gilt dies für den Fall der Sondernachfolge, so muß es um so mehr für den hier in Frage kommenden Rechtszustand Geltung haben, da dieser, wie im vorausgehenden Abschnitt gezeigt, nicht einmal eine cessionsmäßige Rechtsnachfolge aufweist. Dem Erwerber gegenüber ist jedoch die Anfechtung gemäß §§ 123 Abs. 2 und 143 Abs. 2 dann zulässig, wenn dieser selbst für den Anfechtungsgrund verantwortlich ist.

2. Den Zeitpunkt, in welchem der Erwerber in das Mietverhältnis eintritt, bildet der Übergang des Grundstückseigentums auf ihn, also die Eintragung der Rechtsverände-

---

[57]) Protokolle S. 1915, 1916 (Mugdan II S. 830, 831).

[58]) So auch Arnold, S. 110; Staudinger, Bem. B I 3 e zu § 571 (S. 357).

[59]) Motive I S. 211 (Mugdan I S. 474).

rung im Grundbuch nach erfolgter Auflassung. Dies ergibt sich mit voller Deutlichkeit aus dem Wortlaut des § 571. Eine andere Meinung vertritt Borcherdt[60]), der als kritischen Zeitpunkt zwar für den Erwerb der Rechte den Eigentumsübergang anerkennt, für den Eintritt in die Verpflichtungen aber erst die Übergabe des Grundstücks gelten lassen will, wenn diese nach dem Eigentumsübergang erfolgt, weil der Erwerber erst mit der Übergabe in den Stand gesetzt sei, die Vertragsverpflichtungen zu erfüllen. Diese Anschauung findet im Gesetze keine Begründung, da nach der positiven Vorschrift des § 571 der Erwerber von dem Eigentumsübergang ab auch in die Verpflichtungen eintritt, so daß es für das Verhältnis zwischen dem Erwerber und dem Mieter ganz gleichgültig ist, wenn ersterer durch eine Verzögerung in der Übergabe oder ein sonstiges Verschulden des Veräußerers an der rechtzeitigen Erfüllung einer Mietvertragsverpflichtung behindert wird. Zutreffend begegnet Mittelstein[61]) der Meinung Borcherdts mit dem Hinweis darauf, daß diese konsequentermaßen dazu führen müßte, im Falle der Grundstücksübergabe vor Eigentumsübergang ebenfalls die Übergabe als Zeitpunkt maßgebend sein zu lassen, weil von da ab der Vermieter thatsächlich nicht mehr in der Lage ist, den Vertrag zu erfüllen, welche Konsequenz zu ziehen aber Borcherdt selbst nicht für angängig erachtet.

3. Von dem Eigentumsübergang ab hat der Mieter die Erfüllung der Vertragspflichten vom Erwerber und nur von diesem zu fordern. Gegen diesen richten sich sonach auch alle Ansprüche und sonstigen Rechte des Mieters wegen Nichterfüllung oder Verzugs in der Erfüllung, insoweit die Beeinträchtigung seiner Mietrechte in die Zeit nach dem Eigentumsübergang fällt. Eine Ausnahme besteht nur bezüglich der Schadensersatzansprüche des Mieters, wegen deren ihm neben

---

[60]) S. 100.

[61]) S. 275, 276.

dem Erwerber der Vermieter bürgschaftsmäßig haftet, worüber im folgenden Abschnitt die Rede sein wird. Die Haftung des Erwerbers für die ihm obliegenden Verpflichtungen ist in keiner Weise eingeschränkt. Er haftet wie ein gewöhnlicher Schuldner, d. h. mit seinem ganzen Vermögen, nicht etwa bloß mit dem Grundstück[62]). Für Ersatzansprüche, die der Mieter schon vor dem Eigentumswechsel gegen den Vermieter erworben hatte, hat der Erwerber nicht aufzukommen[63]). Es stehen daher dem Mieter auf Grund solcher Ersatzansprüche auch keine Einwendungen gegenüber den Ansprüchen des Erwerbers zur Seite. Die Beschränkung der Haftung des Erwerbers auf die Zeit seines Eigentums ist aber nicht etwa so aufzufassen, als ob der Mieter wegen Ersatzansprüchen aus Mängeln, die schon vor dem Eigentumswechsel vorhanden waren, sich nur an den Vermieter zu halten hätte. Dies trifft nur zu, insoweit der Schaden während der Eigentumszeit des Vermieters verursacht worden war. Insoweit er durch die Fortdauer des Mangels über den Zeitpunkt des Eigentumswechsels hinaus entstand, haftet den Mieter der Erwerber, gleichgültig, ob diesen ein subjektives Verschulden an der Fortdauer trifft oder nicht. Borcherdt[64]) will diese Haftung nur gelten lassen, insoferne der Erwerber durch die erfolgte Übergabe des Grundstücks in den Stand gesetzt war, dem Mangel abzuhelfen. Eine solche Einschränkung läßt sich aus dem Gesetze nicht begründen und sie widerlegt sich in gleicher Weise wie die Ziffer 2 erörterte Meinung Borcherdts bezüglich der Grundstücksübergabe als Beginn der Verpflichtungen des Erwerbers.

4. Wie der Erwerber vom Eigentumsübergang ab dem

---

[62]) Crome S. 41; Schollmeyer S. 53; Planck, N. 3 c zu § 571; Cosack II S. 284, Oertmann, N. 3 zu § 571.

[63]) Crome S. 37; Planck, N. 3 c zu § 571; Oertmann, N. 3 zu § 571; Fuld S. 210; Cosack II S. 284; Borcherdt S. 105; Mittelstein S. 277.

[64]) S. 105.

Mieter als Verpflichteter gegenübersteht, so ist er andererseits von da ab der aus dem Mietverhältnisse Berechtigte. Ihm stehen von diesem Zeitpunkt ab und zwar ausschließlich alle Rechte zu, die sich aus dem Mietverhältnisse als Rechte des Vermieters ergeben. Er hat vor allem Anspruch auf den Mietzins, worüber im folgenden eingehend zu handeln ist, er hat gegen den Mieter Anspruch auf vertragsmäßiges Verhalten im Gebrauch der Mietsache und die sich aus einem Mißbrauch ergebenden Rechte, von ihm ist die Erlaubnis zur Überlassung des Gebrauchs an einen Dritten zu erteilen, er hat das Recht der Kündigung, den Anspruch auf Rückgabe der Mietsache nach Beendigung des Mietverhältnisses u.s.w. Strittig kann es im einzelnen Falle sein, ob der Ersatzanspruch gegen den Mieter wegen Beschädigung der Mietsache dem Erwerber oder dem Vermieter zusteht. Erfolgte nämlich die Beschädigung noch zur Eigentumszeit des Vermieters und gibt der Mieter nach Beendigung des Mietverhältnisses dem Erwerber die Mietsache im beschädigten Zustand zurück, so fragt es sich, ob dem Verlangen des Erwerbers auf Ersatz des Schadens der Einwand entgegengehalten werden kann, daß hierzu der Erwerber nicht legitimiert sei, weil die Beschädigung nicht während seiner Eigentumszeit stattgefunden habe. Für die Entscheidung kommt es darauf an, wem der Schaden entstanden ist. Bestand die Wirkung der Beschädigung lediglich darin, daß die Mietsache bei der Rückgabe sich in einem verschlechterten Zustand befand, so ist der Erwerber der Anspruchsberechtigte. Denn die Verpflichtung des Mieters geht auf Rückgabe der Mietsache in dem Zustand wie er — von der normalen Abnützung abgesehen — sie erhalten hatte, der Anspruch auf Rückgabe steht aber dem Erwerber zu. Hatte dagegen die Beschädigung einen weiteren schon vor der Veräußerung des Grundstücks eingetretenen Schaden zur Folge — hatte z. B. der Mieter das Platzen eines Wasserrohres in der Mietwohnung verschuldet, wodurch dem Vermieter während seiner Eigentumszeit Kosten entstanden waren, so ist in dieser Richtung nur der Vermieter der Ersatzanspruchsberechtigte und kann daher seitens des Erwerbers der Schadensersatz nur dann begehrt werden, wenn ihm der Anspruch vom Vermieter cediert wurde.

5. Unter den dem Erwerber gegen den Mieter zustehenden Rechten ist der Anspruch auf den Mietzins einer besonderen Erörterung zu unterziehen.

Fällt der Eigentumsübergang nicht mit einem Zahlungstermin zusammen und rechnet sich daher der nächstfällige Zins zum Teil auf die Zeit vor der Veräußerung, erfolgt z. B. die Veräußerung am 1. September, während am 1. Oktober ein Vierteljahreszins fällig wird, so fragt es sich, ob der Mieter den ganzen Vierteljahreszins an den Erwerber zu leisten hat, oder ob der Erwerber sowie der Vermieter je die auf ihre Eigentumszeit treffende Quote von ihm zu fordern haben. Planck[65]), Cosack[66]), Fuld[67]), Borcherdt[68]), Mittelstein[69]) und anscheinend auch Arnold[70]) vertreten die erstere Ansicht und erachten es als Sache des Erwerbers und Vermieters, den Ausgleich unter sich herbeizuführen, während Brückner[71]) der anderen Meinung ist. M. E. verdient die erstere Anschauung den Vorzug im Hinblick auf § 101. Dortselbst ist für den Fall, daß jemand berechtigt ist, die Früchte einer Sache oder eines Rechtes bis zu einer bestimmten Zeit oder von einer bestimmten Zeit ab zu beziehen, bestimmt, daß ihm juristische Früchte, falls sie in regelmäßig wiederkehrenden Erträgen bestehen, pro rata temporis gebühren. Auch diese Vorschrift ist in dem Sinne aufzufassen, daß dem zur Zeit des Anfalles Berechtigten der Anspruch auf die ganze an-

[65]) N. zu § 573.
[66]) II S. 286.
[67]) S. 219.
[68]) S. 100.
[69]) S. 279.
[70]) S. 108.
[71]) S. 124 N. 3.

fallende Leistung zusteht, während es Sache dieses Berechtigten ist, sich mit seinem Vorgänger auszugleichen, nicht aber in dem Sinne, daß er und der Vorgänger je pro rata temporis Ansprüche gegen den Leistungspflichtigen haben[72].

Selbstverständlich kann der Erwerber mit dem Vermieter vereinbaren, daß dieser den auf seine Eigentumszeit treffenden Mietzinsteilbetrag unmittelbar vom Mieter zu fordern hat, eine solche Vereinbarung ist aber ausschließlich nach den für die Cession geltenden Vorschriften zu beurteilen.

Da von dem Eigentumswechsel ab nur mehr der Erwerber zur Einziehung des Mietzinses berechtigt ist, so hat der Mieter von diesem Zeitpunkt ab, um sich von seiner Mietzinsverpflichtung zu befreien, an den Erwerber zu leisten. Hierbei steht ihm aber der Schutz des guten Glaubens zur Seite. Nach Vorschrift des § 574 Satz 2 ist ein zwischen dem Vermieter und dem Mieter nach dem Eigentumsübergang in Ansehung der Mietzinsforderung vorgenommenes Rechtsgeschäft, insbesondere die Mietzinsentrichtung, dem Erwerber gegenüber nur dann unwirksam, wenn der Mieter bei seiner Vornahme Kenntnis von dem Eigentumsübergang hatte. Dieser Grundsatz erleidet nur eine zeitliche Einschränkung, insoferne sich das Rechtsgeschäft auf den Mietzins für künftige Zeit bezieht, wovon unten noch zu sprechen ist. Die Beweislast für die mala fides des Mieters trifft den Erwerber.

6. Besondere Vorschriften gelten für den Fall der Vorausverfügung des Vermieters über den Mietzins. Da der Erwerber, wie erörtert, den Anspruch auf den Mietzins nicht im Wege einer gesetzlichen Cession, sondern kraft eigenen Rechtes erwirbt, so würde das Prinzip verlangen, daß Verfügungen, die der Vermieter vor der Grundstücksveräußerung über einen auf die Eigentumszeit des Erwerbers entfallenden Teil der Mietzinsforderung getroffen hat, dem Er-

---

[72]) Vgl. Planck N. 3 zu § 101.

werber gegenüber unwirksam wären, da es eben die Mietzinsforderung des Erwerbers ist, über die die Verfügung erfolgte. Die strenge Durchführung dieses Prinzipes würde jedoch im Verkehrsleben zu Härten und unbilligen Konsequenzen führen. Aus wirtschaftlichen Rücksichten fand daher der Gesetzgeber eine Einschränkung angezeigt[73]). Die gesetzliche Regelung ist folgende.

a) Nach § 573 Satz 1 ist eine Verfügung, die der Vermieter vor der Übertragung des Eigentums über den auf die Zeit der Berechtigung des Erwerbers entfallenden Mietzins getroffen hat, insoweit wirksam, als sie sich auf den Mietzins für das zur Zeit des Eigentumsüberganges laufende und das nächstfolgende Kalendervierteljahr bezieht. Diese Vorschrift, die ganz allgemein die Vorausverfügungen des Vermieters betrifft, ist insbesondere für die Cession und die Verpfändung des Mietzinsanspruches von Bedeutung. Zu beachten ist, daß als maßgebender Zeitpunkt der Eigentumsübergang festgesetzt ist und daher die Wirksamkeit auch den vom Vermieter nach Abschluß des Veräußerungsvertrags getroffenen Verfügungen zukommt, wenn sie nur vor dem Eigentumsübergang erfolgten.

Den Maßstab für die zeitliche Begrenzung bildet das Kalendervierteljahr, wobei es nicht darauf ankommt, ob der Beginn des Mietverhältnisses mit einem kalendermäßigen Jahresviertel zusammenfiel oder nicht. Für die Bestimmung des laufenden Kalendervierteljahres ist wieder der Eigentumsübergang maßgebend, so daß z. B. die Zeit vom 1. April bis 30. Juni als laufendes Quartal zu gelten hat, wenn die Eintragung in das Grundbuch im April erfolgt, mag auch der Veräußerungsvertrag schon im März abgeschlossen worden sein.

In der Einschränkung auf die bezeichneten zwei Kalendervierteljahre muß der Erwerber die vor dem Eigentumswechsel

---

[73]) Vgl. Protokolle S. 1890; Denkschrift S. 76 (Mugdan II S. 823, 1254).

vorgenommene Vorausverfügung unter allen Umständen gegen sich gelten lassen. Guter Glaube schützt ihn nicht.

Anders gestaltet sich die Rechtslage des Erwerbers, wenn er die Vorausverfügung im Zeitpunkt des Eigentumsüberganges kennt. Nach Vorschrift des § 573 Satz 2 ist hier die Vorausverfügung auch dem Erwerber gegenüber im vollen Umfange wirksam. Woher dieser die Kenntnis erlangt, ob durch Mitteilung des Vermieters oder sonstwie, ist gleichgültig. Da auch hier der Eigentumsübergang als maßgebender Zeitpunkt entscheidet, so ist es für den Erwerber unbehelflich, wenn er bei dem Abschluß des Veräußerungsvertrags ohne Kenntnis von der Verfügung, also in gutem Glauben sich befand.

War bisher von Verfügungen des Vermieters die Rede, so wirft sich nun die Frage auf, wie es sich mit der Pfändung der Mietzinsforderung durch einen Gläubiger des Vermieters verhält. Das Gesetz erwähnt diesen Fall nicht, es spricht nur von einer Verfügung, die der Vermieter getroffen hat. Die Anschauungen gehen in dieser Frage auseinander. Scherer[74]) stellt die Meinung auf, die Pfändung wirke gegen den Erwerber im vollen Umfang, da § 573 eine Ausnahmebestimmung enthalte, die nicht über ihren Wortlaut ausgedehnt werden dürfe. Dem entgegen wird von Oertmann[75]), Fuld[76]), Mittelstein[77]) und Wolff[78]) die Ansicht vertreten, daß die Mietzinspfändung der freiwilligen Verfügung des Vermieters gleichzustellen seien. Borcherdt[79]) stellt die Entscheidung auf den guten Glauben des Erwerbers im Zeitpunkt des Eigentumsüberganges ab, wobei er sich auf § 135 beruft. Diese letztere Ansicht ist nicht zu-

---

[74]) N. 6 IV c zu § 571 ff.
[75]) N. 2 zu § 573.
[76]) S. 222.
[77]) S. 282.
[78]) N. 2 zu § 57 Abs. 4 Zw.-Verst.-Ges.
[79]) S. 102.

treffend, da der Erwerber den Mietzinsanspruch aus eigenem Rechte besitzt und nicht „von einem Nichtberechtigten herleitet“, was Voraussetzung für die Anwendbarkeit des § 135 wäre. In ihrem Effekt unterscheidet sich die Meinung Borcherds von der vorausgehend erwähnten Ansicht darin, daß seiner Meinung zufolge der Erwerber bei vorhandenem guten Glauben nicht einmal für das laufende und nächstfolgende Quartal die Pfändung gegen sich gelten lassen muß, während nach der anderen Anschauung ihm der gute Glaube nur hinsichtlich der über diese zwei Quartale hinausgehenden Zeit nützt.

Meiner Meinung nach ist die Frage dahin zu entscheiden, daß die Mietzinspfändung dem Erwerber gegenüber überhaupt unwirksam ist.

Die dieser Auffassung diametral entgegenstehende Ansicht Scherers leidet — was von Mittelstein mit Recht betont wird — an dem Fehler, daß gerade sie es ist, die dem § 573, den Scherer nicht ausgedehnt wissen will, eine unzulässige Ausdehnung gibt. Denn in § 573 ist ja eine Ausnahmebestimmung geschaffen gegenüber dem Grundsatze, daß vom Eigentumserwerb ab die Mietzinsforderung ein selbständiger, kraft eigenen Rechtes bestehender Anspruch des Erwerbers ist. Scherer gelangt allerdings zu seiner Meinung auf Grund des unrichtigen prinzipiellen Standpunkts, daß der Erwerber die Rechte aus dem Mietverhältnisse im Wege einer gesetzlichen Cession erhalte. Hält man aber an dem richtigen Prinzipe fest, daß die Mietzinsforderung des Erwerbers es ist, um die sich die Frage dreht, so erscheint es mir nicht zuläßig, die Ausnahmebestimmungen des § 573 auf die Mietzinspfändung zu erstrecken, da Ausnahmevorschriften eng ausgelegt werden müssen. Einen besonderen Anhaltspunkt für die Notwendigkeit, den § 573 nicht über seinen Wortlaut auszudehnen, bietet auch das bereits erwähnte Motiv des Gesetzgebers für die Erlassung der Vorschrift, nämlich die Berücksichtigung des für Vorausverfügungen häufig bestehenden wirtschaftlichen Bedürfnisses. Dieses Motiv kann aber bei der Mietzinspfändung nicht in Betracht kommen. Ich komme sonach auch zur Ablehnung der Meinungen, nach welchen die Mietzinspfändung der Vorausverfügung des Vermieters gleichzustellen bezw. der gute Glaube des Erwerbers entscheidend sei. —

Eine Verfügung des Vermieters nach erfolgtem Eigentumsübergang ist selbstverständlich unwirksam, da in diesem Zeitpunkte der Erwerber bereits in das Mietverhältnis eingetreten ist und dem Vermieter sonach ein Verfügungsrecht nicht mehr zusteht. Die Modifikation dieser Regel zu Gunsten des gutgläubigen Mieters kommt im folgenden zur Sprache.

b) Die Vorschrift des § 573 gilt, wie bereits erwähnt, grundsätzlich für alle Vorausverfügungen des Vermieters, also auch für solche im Wege eines Rechtsgeschäftes mit dem Mieter[80]). Dies ergibt sich aus der allgemeinen Fassung des § 573. In Ergänzung dieser Vorschrift trifft zum Schutze des Mieters der § 574 noch weitergehende Sonderbestimmungen für den Fall, daß der Vermieter mit dem Mieter ein Rechtsgeschäft in Ansehung der Mietzinsforderung vorgenommen hat. Diese Bestimmungen gelten also für den Fall der Stundung oder des Erlasses des Mietzinses, der Zahlung, Annahme an Zahlungsstatt, Aufrechnung gegenüber der Mietzinsforderung, Schuldumwandlung u. s. w. Nach Vorschrift des § 574 Satz 1 ist das Rechtsgeschäft dem Erwerber gegenüber, wenn dieser es bei dem Eigentumserwerb nicht gekannt hat, für das laufende und nächstfolgende Kalendervierteljahr wirksam; zur Erzielung eines höheren Schutzes des Mieters ist aber hier als das laufende Vierteljahr dasjenige erklärt, in welchem der Mieter Kenntnis von dem Eigentumsübergang erlangt, nicht dasjenige, in das der Eigentumswechsel selbst fällt. Woher der Mieter die Kenntnis erhält, ist gleichgültig, er-

[80]) So auch Oertmann N. 1 c zu § 574; Mittelstein S. 282.

fordert ist aber positive Kenntnis. Daß ihm der Eigentumswechsel nur infolge mangelnder Sorgfalt verborgen blieb, genügt nicht, das „Kennenmüssen“ steht dem „Kennen“ nicht gleich. Eine Nachforschungspflicht besteht für den Mieter nicht[81]. Nicht erforderlich ist aber, daß ihm auch bekannt sein müsse, wer der Erwerber ist. Zur Zerstörung des guten Glaubens über die Verfügungsberechtigung des Vermieters genügt es, wenn der Mieter nur weiß, daß dieser nicht mehr Eigentümer ist.

Hat der Erwerber im Zeitpunkt des Eigentumsübergangs Kenntniß von dem zwischen dem Vermieter und dem Mieter vorgenommenen Rechtsgeschäft, so muß er dieses gemäß § 573 Satz 2 unbeschränkt gegen sich gelten lassen.

Nicht zu verwechseln mit „Verfügung über den Mietzins“ und „Rechtsgeschäft in Ansehung der Mietzinsforderung“ im Sinne der §§ 573, 574 ist eine Abänderung des Mietvertrags, wodurch die Mietzinsforderung beeinflußt wird. Eine in Minderung des Mietzinses bestehende Vertragsänderung ist sonach — im Gegensatz zum Erlaß bestimmter Zinsraten — nicht ein Rechtsgeschäft in dem obigen Sinne und daher gegen den Erwerber unbeschränkt wirksam, da dieser an den Inhalt des Mietvertrags gebunden ist. Unrichtig ist es daher, wenn Cosack[82]) das Beispiel gibt: A hat 1900 einen Laden an B auf 10 Jahre für 10000 Mk. jährlich vermietet; schon im nächsten Jahre sieht er ein, daß B bei diesem Zins bankerott werden muß, und ermäßigt den Zins auf 7000 Mk.; anfangs 1906 veräußert er das Haus, ohne dem Erwerber die Herabsetzung des Mietzinses mitzuteilen; der Erwerber könne diese vom 1. Juli 1906 ab umstoßen. In diesem Beispielsfalle liegt nicht ein Rechtsgeschäft in dem oben erörterten Sinn, sondern eine Vertragsänderung vor, an die der Erwerber gebunden ist[83]).

---

[81]) Mittelstein S. 287.

[82]) II S. 287.

[83]) So auch Mittelstein S. 284.

Eine Schutzvorschrift zu Gunsten des guten Glaubens des Mieters gibt § 574 Satz 2. Da der Vermieter nach der Veräußerung über den nach diesem Zeitpunkt anfallenden Mietzins zu verfügen, nicht mehr berechtigt ist, so würde auch ein nach dem Eigentumsübergang zwischen ihm und dem Mieter hinsichtlich des Mietzinses vorgenommenes Rechtsgeschäft dem Erwerber gegenüber wirkungslos sein. Nach Vorschrift des § 574 Satz 2 ist ein solches Rechtsgeschäft jedoch nur dann unwirksam, wenn der Mieter bei dessen Vornahme Kenntnis von dem Eigentumsübergang besitzt. Insoweit aber ein solches von dem Mieter in gutem Glauben vorgenommene Rechtsgeschäft auf künftige Zeit treffenden Mietzins zum Gegenstand hat, gilt auch hier die Regel des § 574 Satz 1.

Einem zwischen dem Vermieter und dem Mieter vorgenommenen Rechtsgeschäft steht dasjenige gleich, das der Cessionar des Vermieters mit dem Mieter bethätigt. Es kann daher, wie Planck[84]) und Borcherdt[85]) zutreffend bemerken, der Fall eintreten, daß ein Mietzins, dessen Abtretung gemäß § 573 dem Erwerber gegenüber an sich unwirksam wäre, diesem gleichwohl entzogen wird, wenn der Cessionar durch Rechtsgeschäft mit dem über die Grundstücksveräußerung in Unkenntnis gebliebenen Mieter über den Mietzins verfügt.

Zur Beantwortung stellt sich noch die Frage, ob sich der Erwerber eine Vorauszahlung, wenn sie den Bestimmungen des Mietvertrags entsprechend erfolgte, uneingeschränkt gefallen lassen muß, weil er in die Rechte des konkreten Mietvertrags eintritt und dessen gesamten Inhalt, auch ohne ihn zu kennen, gegen sich gelten lassen muß. Diese Frage ist strittig. Schollmeyer[86]) bejaht sie. Er führt aus, Vorauszahlung im Sinne des § 574 sei jede

---

[84]) Note zu § 574.
[85]) S. 101 N. 3.
[86]) S. 52.

Zahlung, welche vor dem vertragsmäßigen oder mangels eines solchen vor dem gesetzlichen Zahlungstermin erfolge; wenn also nach dem Vertrage der Mietzins für fünf Jahre sofort vorauszahlbar sei, so habe diese Zahlung auch gegenüber dem Erwerber Geltung, denn sie sei nicht „Vorauszahlung" in jenem Sinne. Mittelstein[87]) lehnt diese Anschauung ab. Der Erwerber sei nur an die Höhe des Mietzinses und an die Zahlungstermine, auch wenn sie für ihn ungünstig sind, gebunden. Den Zins selbst könne er aber prinzipiell beanspruchen, soweit er auf die Zeit seines Eigentums entfällt, und nur ausnahmsweise nicht, soweit sich dies aus §§ 573, 574 ergebe. Arnold[88]) behandelt bei Erörterung des Verhältnisses der Hypothekforderung zu den Mietzinsen, worauf er aber bei der Ausführung über die Grundstücksveräußerung Bezug nimmt, den speziellen Fall, daß die Vermietung auf festbestimmte Zeit von mehr als einem halben Jahr gegen einen einmalig vorauszahlbaren Mietzins erfolgt, und schließt sich für diesen Fall der Anschauung Schollmeyers an mit der Begründung, daß der Mieter hier mit der einmaligen Zahlung seine Leistung erfüllt habe, nichts mehr schuldig sei, und daher ein Mietzins auf eine spätere Zeit nicht mehr entfalle. Für den Fall aber, daß der Mietzins nicht auf einmal, sondern in fortlaufenden Zeitraten vorauszahlbar ist, scheint er die Vorschrift des § 574 gelten lassen zu wollen.

M. E. wird der von Schollmeyer vertretenen Ansicht beizupflichten sein. Die Vorschrift des § 574 Satz 1 hat solche Rechtsgeschäfte zum Gegenstand, die sich als „Vorausverfügungen" in dem von ihm präcisierten Sinne qualifizieren, solche Rechtsgeschäfte, durch welche dem Erwerber Mietzinse, die ihm mangels des Rechtsgeschäfts anfallen würden, entzogen werden. Die Grundlage für die Beurteilung des Mietzinsanfalls ist aber der Mietvertrag, der für den Er-

[87]) S. 285.

[88]) S. 85, 113 N. 8.

werber bindend ist, mag er auch für ihn denkbar ungünstig sein. Als „Rechtsgeschäft in Ansehung der Mietzinsforderung" im Sinne des § 574 ist sonach nur ein solches zu verstehen, wodurch dem Erwerber eine Mietzinsforderung entzogen wird, die ihm anfallen würde, wenn der Mieter den Mietzins so, wie es dem Vertrage entspräche, leisten würde. Die volle Wirksamkeit der vertragsmäßigen Vorauszahlung ist sonach nicht nur auf den Fall der einmaligen Vorauszahlung zu beschränken. Läßt man sie für diesen Fall gelten, so ist kein innerer Grund zu ersehen, warum sie nicht für jede vertragsmäßige Vorauszahlung Platz greifen soll. Denn die Argumentation, daß auf die spätere Zeit kein Mietzins mehr entfällt, trifft auch für den Zeitraum zu, für den der Mieter, der in Zeitraten vorauszuleisten hat, Zahlung leistete.

Es liegt nahe, gegen die hier vertretene Meinung die Vorschriften der §§ 1123 und 1124, die von den Rechten des Hypothekgläubigers auf die Miet- und Pachtzinse handeln, heranzuziehen. Nach dem deutlichen Wortlaut des § 1123 erstreckt sich die Befreiung der Zinse von der Haftung auch im Falle vertragsmäßiger Vorauszahlung nicht auf den Zins für eine spätere Zeit, als das zur Zeit der Beschlagnahme laufende und nächstfolgende Kalendervierteljahr. Diese Vorschrift eignet sich jedoch nicht zur Auslegung des § 574 zu dienen. Denn wenn auch die Haftung der Mietzinse für die Hypothek in einigen Beziehungen ähnlich wie die Frage der Vorausverfügung zum Nachteil des Grundstückserwerbers geregelt ist, so ist sie andererseits doch eine wesentlich strengere, wobei vor allem hervorsticht, daß die Kenntnis der Vorausverfügung den Rechten des Hypothekgläubigers keinen Eintrag thut. Es kann daher nicht auffallen, wenn der Grundstückserwerber gegenüber der vertragsmäßigen Mietzinsvorauszahlung einen geringeren Schutz als der Hypothekgläubiger genießen soll. Gegen die Forderung, daß der Erwerber sich jede vertragsmäßige Vorauszahlung gefallen lassen müsse, erscheint auch nicht der Vorwurf der Unbilligkeit als begründet. Kann ja doch auch die Gebundenheit an den sonstigen Vertragsinhalt dem Erwerber zu großem Nachteil gereichen, wenn der Mietvertrag dem Mieter derartige Rechte einräumt, daß der Erwerber in der Verwertung des Grundstücks ungewöhnlich beschränkt und daher geschädigt ist, oder wenn der Vermieter aus irgend einem besonderen Grunde dem Mieter die Mieträume für eine Reihe von Jahren zu einem außerordentlich niedrigen, weit unter dem angemessenen Preis stehenden Mietzins vermietet hat.

7. Zu den „Rechtsgeschäften in Ansehung der Mietzinsforderung" gehört auch die Aufrechnung des Mieters mit einer Gegenforderung gegenüber der Mietzinsforderung. Für sie würden also mangels besonderer Bestimmungen die Vorschriften des § 574 in gleicher Weise wie für die übrigen von diesem Paragraphen getroffenen Rechtsgeschäfte Anwendung finden und es könnte daher nach erfolgtem Eigentumsübergang — dessen Kenntnis vorausgesetzt — der Mieter eine Aufrechnung gegen die Mietzinsforderung nicht mehr vornehmen, auch wenn ihm die Gegenforderung schon zur Eigentumszeit des Vermieters aufrechnungsfähig zustand. Mit Unrecht vertritt Oertmann[89]), dem sich Mittelstein[90]) anschließt, die Meinung, er ergäbe sich schon aus den allgemeinen Grundsätzen über die Aufrechnung, insbesondere der ihr gemäß § 389 zukommenden rückwirkenden Kraft, daß der Mieter mit einer schon vor dem Eigentumswechsel ihm entstandenen Gegenforderung ungeachtet des Eigentumsübergangs aufrechnen dürfe. Diese Auffassung könnte nur dann vertreten werden, wenn der Erwerber den Anspruch auf den Mietzins im Wege gesetzlicher Cession erworben hätte. Es ist aber die dem Erwerber als Anspruch kraft eigenen Rechtes zustehende Mietzinsforderung, der gegenüber die Aufrechnung mit einer gegen den Vermieter bestehende Forderung in Frage steht.

[89]) N. 1 zu § 575.
[90]) S. 286.

Zur Vermeidung von Härten bestand daher für den Gesetzgeber Anlaß, zu Gunsten des Mieters besondere Vorschriften bezüglich der Aufrechnung zu treffen. Unter Nachbildung der in § 406 für die Forderungscession aufgestellten Bestimmungen räumt § 575 Satz 1 dem Mieter das Recht ein, mit einer ihm gegen den Vermieter zustehenden Forderung auch gegen die Mietzinsforderung des Erwerbers aufzurechnen, jedoch unter der Beschränkung, daß dies ausgeschlossen ist, insoweit es sich um den Mietzins für eine spätere Zeit als das laufende und das nächstfolgende Kalendervierteljahr handelt. Das laufende Kalendervierteljahr ist gemäß § 574, auf den in § 575 verwiesen ist, dasjenige, in welchem der Mieter Kenntnis von dem Eigentumsübergang erlangt. Unbeschränkt findet sonach die Aufrechnung statt, insoweit sich der Mietzins auf die Zeit vor dem Eigentumswechsel bezw. vor dem Erwerb der Kenntnis hiervon bezieht. Beträgt z. B. der Mietzins jährlich 1200 Mk., zahlbar in Jahresbeträgen je am 1. Januar für das verflossene Jahr, und findet am 20. Dezember 1901 die Veräußerung statt, die dem Mieter noch im Dezember bekannt wird, so kann der Mieter mit einem Schadensersatzanspruch von 1400 Mk., der ihm gegen den Vermieter während dessen Eigentumszeit entstanden war, dem Erwerber gegenüber voll aufrechnen, nämlich mit 1200 Mk. gegen den am 1. Januar 1902 fälligen und mit den restierenden 200 Mk. gegen den am 1. Januar 1903 fälligen Jahresmietzins.

Voraussetzung für die Aufrechnung gegenüber dem Vermieter ist selbstverständlich, daß die nach den allgemeinen Vorschriften für die Aufrechnung verlangten Erfordernisse gegeben sind, daß also insbesondere die aufzurechnende Forderung fällig ist.

Das Gesetz gewährt aber dem Mieter nicht nur das Recht, mit einer ihm beim Eigentumswechsel bereits zustehenden Gegenforderung aufzurechnen, es geht noch einen Schritt weiter und gibt ihm unter gewissen Einschränkungen dieses

Recht sogar für eine Forderung, die er erst nach dem Eigentumsübergang erwarb. Ausgeschlossen ist die Aufrechnung nur dann, wenn der Mieter erst nach erlangter Kenntnis des Eigentumswechsels die Gegenforderung erwarb, ferner dann, wenn zwar der Forderungserwerb vor Erlangung dieser Kenntnis stattfand, die Forderung aber erst nach deren Erlangung und später als der Mietzins fällig ist (§ 575 Satz 2). Unter Einschränkung auf den Mietzins für die bezeichneten zwei Kalendervierteljahre und unter der soeben erwähnten Einschränkung bezüglich der Fälligkeit ist also der Mieter selbst dann aufrechnungsberechtigt, wenn er die Forderung erst nach dem Eigentumswechsel erwarb, soferne er nur von diesem zur Zeit des Forderungserwerbes keine Kenntnis hatte. Auch diese Regelung bedeutet sonach einen Schutz des guten Glaubens.

Zur Veranschaulichung der Vorschrift des § 575 dürften Beispiele am Platze sein: Eine Wohnung ist um den in Vierteljahrsraten zahlbaren Mietzins von 1200 Mk. per Jahr vermietet. Am 15. Januar verkauft der Vermieter das Haus, die Auflassung und Grundbucheintragung erfolgt alsbald. In Unkenntnis der Veräußerung erwirbt der Mieter am 20. März von einem Gläubiger des Vermieters eine fällige Darlehensforderung von 1500 Mk. Am 5. April erklärt er dem Vermieter, daß er mit der erworbenen Forderung gegen die am 1. April für das erste Quartal fällig gewordene Mietzinsrate von 300 Mk. aufrechne und erfährt nun sofort durch die Erwiderung des Vermieters die Veräußerung des Hauses. Diese Aufrechnung ist, weil in gutem Glauben vorgenommen, gemäß § 574 wirksam, und der Mieter kann dem Erwerber gegenüber auch noch gegen die am 1. Juli und 1. Oktober fällig werdenden, auf die jeweils vorausgehenden Quartale treffenden Mietzinsraten aufrechnen. Für die Zeit vom 1. Oktober ab ist er aber hierzu nicht mehr befugt. Das Gleiche träfe zu, wenn die Forderung des Mieters zwar noch nicht bei ihrem Erwerb, aber noch vor dem 5. April oder spätestens am 5. April — nicht nach Erlangung der Kenntnis — fällig wäre. Würde die erworbene Forderung erst im Mai fällig und erhielte der Mieter von dem Eigentumswechsel, wie bisher angenommen, am 5. April Kenntnis — eine Aufrechnung gegen den am 1. April fälligen Mietzins könnte hier mangels Fälligkeit der Gegenforderung noch nicht stattfinden — so könnte der Mieter dem Erwerber gegenüber ebenfalls gegen die am 1. Juli und 1. Oktober fälligen Vierteljahrsraten aufrechnen. Wäre dagegen die Forderung des Mieters erst im August fällig, so wäre die Aufrechnung nicht gegen den am 1. Juli anfallenden Quartalszins, wohl aber gegen den am 1. Oktober fälligen Mietzins zulässig, während auch diese Aufrechnung ausgeschlossen wäre, wenn die Gegenforderung erst nach dem 1. Oktober fällig werden würde. —

Welcher Art die Gegenforderung sein muß, damit sie vom Mieter zur Aufrechnung verwendet werden kann, schreibt das Gesetz nicht vor. Fuld[91]) neigt der Ansicht zu, daß der Mieter nur mit solchen Gegenforderungen, die auf Grund des Mietverhältnisses entstanden sind, aufrechnen könne. Diese Anschauung ist jedoch angesichts des klaren Wortlautes des Gesetzes unhaltbar, da § 575 eine Unterscheidung nicht trifft und sonach jegliche Art Gegenforderung — die allgemeinen Erfordernisse selbstverständlich vorausgesetzt — als zur Aufrechnung geeignet erklärt[92]).

8. Zu unterscheiden von der Aufrechnung mit einer Gegenforderung ist der Anspruch des Mieters auf Mietzinskürzung gemäß §§ 537, 538. Staudinger[93]) vertritt die Anschauung, daß dieser Anspruch dem Erwerber gegenüber nicht Platz greife, wenn der Grund für die Kürzung in die Eigentumszeit des Vermieters falle, weil dem Mieter ein Anspruch auf Schadloshaltung aus der Eigentumszeit

---

[91]) S. 215.

[92]) So auch Oertmann N. 2 zu § 575; Mittelstein S. 287; Arnold S. 113 N. 9.

[93]) Bem. B I 3 d) zu § 571 (S. 357).

des Vermieters dem Erwerber gegenüber nicht zustehe (vgl. oben unter 3). Hiergegen ist einzuwenden, daß, wenn die Voraussetzungen für eine Mietzinskürzung während der Eigentumszeit des Vermieters eingetreten sind, auch der Anspruch auf Kürzung schon zur Zeit des Eigentumsübergangs bestanden hat und demgemäß der Erwerber, da er in das mit diesem Anspruch behaftete Mietverhältnis eingetreten ist, auch die Verwirklichung dieses Anspruchs gegen sich gelten lassen muß.

9. Eine besondere Schutzvorschrift zu Gunsten des Mieters hinsichtlich der Mietzinszahlung enthält § 576 der den gleichen Grundsatz zur Geltung bringt, der in § 409 für die Abtretung einer Forderung aufgestellt ist. Hat der Vermieter dem Mieter angezeigt, daß er das Grundstück an einen Dritten veräußert habe, so muß er gemäß § 576 Abs. 1 in Ansehung der Mietzinsforderung die angezeigte Eigentumsübertragung dem Mieter gegenüber gegen sich gelten lassen, auch wenn sie nicht erfolgte, oder nicht wirksam ist. Die Zurücknahme der Anzeige ist nur dann wirksam, wenn sie unter Zustimmung desjenigen erfolgt, der als der neue Eigentümer bezeichnet worden ist (§ 576 Abs. 2).

Die Anzeige ist eine einseitige empfangsbedürftige Erklärung [94]). Eine Formvorschrift besteht für sie nicht, es genügt sonach mündliche Erklärung. Dagegen ist es notwendig, daß sie vom Vermieter ausgeht. Aus der Vergleichung mit § 409, in welchem es der Anzeige gleichgestellt wird, wenn der Gläubiger eine Urkunde über die Abtretung dem neuen Gläubiger ausstellt und dieser sie dem Schuldner vorlegt, während § 576 einen ähnlichen Satz nicht enthält, ist zu entnehmen, daß die Ausstellung einer die Eigentumsübertragung bestätigenden Urkunde nach dem Willen des Gesetzes nicht genügend sein soll, um die Wirkung des § 576

---

[94]) Oertmann N. 1 a zu § 409; Planck N. 1 zu § 409; Mittelstein S. 288.

Satz 1 hervorzubringen. Als Anzeige im Sinne dieses Paragraphen wird es aber anzusehen sein, wenn z. B. der Eigentümer eines Hauses dem Käufer ein an die Mieter der Wohnungen gerichtetes, die Veräußerung mitteilendes Circular aushändigt und der Erwerber dieses den Mietern vorweist.

Die zur Wirksamkeit der Zurücknahme der Anzeige erforderliche Zustimmung ist ebensowenig wie die Anzeige an eine Form gebunden. Auch sie ist eine einseitige empfangsbedürftige Erklärung.

Die Wirkungen der Anzeige sind, da § 576 dem § 409 nachgebildet ist, nach den dort geltenden Grundsätzen zu beurteilen. Der Mieter darf sich hiernach auf die Anzeige unbedingt verlassen. In Ansehung der Mietzinsentrichtung ersetzt sie für ihn vollständig die wirkliche Veräußerung des Grundstücks. Durch Leistung an den ihm bezeichneten Erwerber wird er von seiner Mietzinsverpflichtung frei, auch wenn die Veräußerung nicht stattfand oder nichtig oder anfechtbar ist. Wie verhält es sich aber, wenn der Mieter bei der Leistung die wahre, von dem Inhalt der Anzeige abweichende Rechtslage kennt? Entscheidend für diese Frage ist die Auslegung des § 409 Abs. 1. Entgegen der Auffassung Kuhlenbecks[95]), der in dieser Bestimmung nur eine Schutzvorschrift zu Gunsten des gutgläubigen Schuldners erblickt, ist der von Planck[96]), Oertmann[97]), Fischer-Henle[98]) und Mittelstein[99]) vertretenen Anschauung beizupflichten, wonach der Anzeige die Wirksamkeit gemäß § 409 auch dann zukommt, wenn der Schuldner weiß, daß die Abtretung nicht erfolgt oder nichtig oder anfechtbar ist.

Zu beachten ist aber, daß nur der Vermieter die Anzeige gegen sich gelten lassen muß. Dagegen wird der

---

95) N. 2 zu § 409.
96) N. 1 zu § 409.
97) N. 2 zu § 409.
98) N. 3 zu § 409.
99) S. 288.

Mieter, wenn er an den ihm bezeichneten Erwerber des Grundstücks den Mietzins entrichtet, nicht unter allen Umständen von seiner Mietzinsverpflichtung frei. Zeigt der Vermieter z. B. an, daß er an B veräußert habe, während in Wirklichkeit die Veräußerung an C erfolgte, so wird der Mieter, wenn er in Kenntnis der wahren Sachlage an B zahlt, von der dem Erwerber C gegenüber bestehenden Mietzinsverpflichtung nicht frei. Andererseits ist aber auch die vom Vermieter als Erwerber angezeigte Person nicht schlechthin auf Grund der Anzeige zur Forderung des Mietzinses berechtigt. Der Mieter ist vielmehr befugt, die Legitimation zu bestreiten, was freilich auf seine Gefahr geschieht[100]). Mit Unrecht erachten Fränkel[101]) und Fuld[102]) den Mieter als verpflichtet, schlechthin der Anzeige zu gehorchen, wobei sie verkennen, daß § 576 sich nur als Vorschrift zu Gunsten des Mieters charakterisiert[103]).

Zur Beurteilung stellt sich noch der Fall, daß der Vermieter dem Mieter eine Anzeige von der erfolgten Eigentumsübertragung nicht macht, dieser aber durch Einsichtnahme in das Grundbuch oder dadurch, daß ihm der Erwerber einen amtlich beglaubigten Grundbuchsauszug vorlegt, den Nachweis der Veräußerung erhält. Zweifellos ist hier der Mieter gemäß § 893 berechtigt, den Mietzins an denjenigen, den das Grundbuch als Erwerber ausweist, zu zahlen, und vor Doppelzahlung geschützt, wenn er an diesen leistet[104]). Die sonstigen Wirkungen der Anzeige des Vermieters nach § 576 kommen aber der Grundbucheintragung nicht zu. Der Mieter bleibt nur geschützt, wenn er im guten Glauben an

---

[100]) Planck N. 2 zu § 409; Oertmann N. 4 zu § 409; Mittelstein S. 289.

[101]) S. 77.

[102]) S. 216.

[103]) So auch Mittelstein S. 288.

[104]) Protokolle S. 1891 (Mugdan II S. 823); Planck N. 2 zu § 576; Oertmann N. zu § 567; Mittelstein S. 289.

die Richtigkeit des Grundbuchinhalts Zahlung leistet, nicht aber, wenn er dies trotz Kenntnis der wahren Rechtslage thut.

10. Da die Rechte des Vermieters nicht im Wege einer gesetzlichen Cession auf den Erwerber übergehen, so könnte es zweifelhaft sein, ob der Erwerber Rechte in Bezug auf eine Sicherheit erlangt, die der Mieter für die Erfüllung seiner Verpflichtungen dem Vermieter geleistet hat. Um diese Frage völlig klar zu legen, bestimmt § 572, daß der Erwerber in die durch die Sicherheitsleistung begründeten Rechte eintritt. Der Erwerber hat sonach gegen den Vermieter einen Anspruch auf Herausgabe der Sicherheit an ihn. Insoweit und so lange jedoch der Vermieter gegen den Miether Ansprüche aus dem Mietverhältnis, für die ihm die Sicherheit haftet, besitzt, ist er zur Herausgabe nicht verpflichtet[105]). Er ist in diesem Falle berechtigt, auch zu Gunsten eines Anspruches von geringerer Höhe die ganze Sicherheit zurückzuhalten, wenn diese eine einheitliche, untrennbare ist, z. B. einen als Faustpfand hingegebenen Gegenstand, während er den Mehrbetrag herauszugeben hat, wenn die Sicherheit ihrer Art nach ohne Schädigung eine Teilung zuläßt, also insbesondere, wenn sie in Bargeld oder anderen vertretbaren Sachen besteht.

Neben dem Anspruch des Erwerbers auf Herausgabe der Sicherheit muß aber auch dem Mieter das Recht zuerkannt werden, vom Vermieter die Herausgabe an den Erwerber zu fordern. Denn der Mieter hat im Hinblick auf die unten zu erörternde Frage der Rückgewähr ein erhebliches Interesse an dieser Aushändigung[106]).

Von dem Mieter eine neue Sicherheit zu verlangen, wenn der Vermieter die erlegte — berechtigter- oder unberech-

---

[105]) Planck N. zu § 572; Mittelstein S. 280.

[106]) Fränkel S. 75; Fuld S. 214; Oertmann N. 2 zu § 572; Mittelstein S. 281.

tigtermaßen — nicht herausgibt, steht dem Erwerber keinesfalls zu. Denn durch die auf Grund des Mietvertrags bethätigte Leistung an den Vermieter hat der Mieter seine in dieser Richtung eingegangene Verpflichtung ein für allemal erfüllt[107]). Hat jedoch der Mieter die Sicherheit, zu dessen Bestellung er sich vertragsmäßig verpflichtet hatte, zur Zeit des Eigentumswechsels noch nicht geleistet, so hat er sie nunmehr dem Erwerber zu leisten, da nur dieser vom Eigentumsübergang ab als der aus dem Mietverhältnis Berechtigte ihm gegenübersteht[108]). Von diesem Gesichtspunkt aus muß man auch dazu gelangen, daß die Sicherheit selbst dann ausschließlich dem Erwerber zu bestellen ist, wenn der Vermieter noch Ansprüche aus der Zeit seines Eigentums gegen den Mieter besitzt. Es könnte übrigens für diesen Fall auch ein praktisches Bedürfnis dafür, daß sie dem Vermieter zu bestellen sei, kaum anerkannt werden, da ja diesfalls der Vermieter bereits auf Befriedigung des Anspruches selbst klagen kann.

Gewährt das Gesetz dem Erwerber die vollen Rechte an der Sicherheit, so legt es ihm doch nicht im gleichen Maße die Verpflichtungen in Ansehung derselben auf. Nach § 572 Satz 2 ist der Erwerber zur Rückgewähr der Sicherheit nur dann verpflichtet, wenn diese ihm ausgehändigt wurde oder wenn er dem Vermieter gegenüber die Verpflichtung zur Rückgewähr übernommen hat. Von wem er die Sicherheit ausgehändigt erhielt — ob vom Vermieter oder vom Mieter — ist gleichgültig. Die in ihrer Wirkung der Übergabe gleichstehende Übernahme der Rückgewährspflicht charakterisiert sich als Schuldübernahme, deren Wirksamkeit jedoch der Genehmigung des Gläubigers — hier also des Mieters — nicht bedarf. Gegen die von Oertmann[109]) vertretene Ansicht, gemäß § 415 sei der Beitritt des

[107]) Fuld S. 214; Oertmann N. 2 zu § 572; Mittelstein S. 281.

[108]) Mittelstein S. 281.

[109]) N. 1 b zu § 572.

Mieters erforderlich, wendet sich mit Recht Mittelstein[110]). Die Vorschrift des § 572 Satz 2 ist eine Spezialbestimmung, die eine Ausnahme von den allgemeinen Regeln über die Schuldübernahme schafft.

Insolange nicht die Rückgewährspflicht auf den Erwerber übergegangen ist, obliegt diesem auch nicht die Fürsorge für den Gegenstand der Sicherheit, z. B. Verwahrung des Pfandes nach § 1215.

Ist eine der in § 572 Satz 2 gesetzten Voraussetzungen gegeben und sonach der Erwerber rückgewährpflichtig geworden, so ist der Vermieter von dieser Verpflichtung befreit, unbeschadet seiner Haftung für Schadensersatz auf Grund seiner gemäß § 571 Absatz 2 bestehenden, an anderer Stelle noch zu erörternden bürgschaftsmäßigen Haftung, falls der Erwerber der Rückgewährspflicht nicht nachkommt. Ist die Verpflichtung zur Rückgewähr mangels der erforderten Voraussetzungen nicht auf den Erwerber übergegangen, so bleibt sie selbstverständlich bei dem Vermieter und zwar auch dann noch, wenn dieser gemäß § 571 Absatz 2 im übrigen von jeder Haftung geworden ist.

Durch § 572 Satz 2 ist selbstverständlich nicht ausgeschlossen, daß sich der Erwerber dem Mieter gegenüber durch Vertrag mit diesem zur Rückgewähr verpflichtet, auch ohne daß die dortselbst aufgestellten Voraussetzungen vorhanden sind. Die Rechtswirkungen einer solchen vertragsmäßigen Verpflichtungsübernahme ergeben sich aus der Natur des Vertrags, je nachdem sich der Erwerber neben dem Vermieter oder unter dessen Zustimmung an seiner Stelle verpflichtet.

11. Das Recht zur Kündigung des Mietverhältnisses steht, wie unter 4 bereits erwähnt, vom Eigentumsübergang ab nicht mehr dem Vermieter, sondern dem Erwerber zu. Aber auch nur dem Erwerber gegenüber kann seitens

---

[110]) S. 281 N. 32.

des Mieters gekündigt werden. Mit Unrecht verneint dies Rönnberg[111]) mit der Begründung, daß der Erwerber nur in die sich aus dem Mietverhältnis ergebenden Rechte und Pflichten eintrete, daß zwar die Erklärung der Kündigung ein Recht darstelle, nicht aber ein Recht auf Empfang einer Kündigung bestehe, der Erwerber sonach in ein solches Recht auch nicht eintreten könne und demgemäß der Adressat für die Kündigung des Mieters der ursprüngliche Vermieter bleibe, da das Mietverhältnis zwischen diesem und dem Mieter durch den Eigentumsübergang nicht erloschen sei. Diese Ansicht entspringt der Konstruktion, die Rönnberg dem „Eintritt des Erwerbers in die sich aus dem Mietverhältnis ergebenden Rechte und Verpflichtungen" geben will und welche schon unter § 3 dieser Abhandlung bekämpft wurde. Mit der Ablehnung dieser Konstruktion fällt auch seine Meinung bezüglich der Kündigung. Aber selbst vom Standpunkt seiner eigenen die „Succession in das Mietverhältnis" verneinenden Konstruktion bezeichnet Mittelstein[112]) diese Anschauung zutreffendermaßen als unhaltbar, da der Erwerber für die Dauer seines Eigentums voll und ganz an der Stelle des Vermieters steht, während der Vermieter aus seiner Stellung in die eines Bürgen getreten ist, und die Kündigung doch nur demjenigen erklärt werden kann, der dem Mieter als die berechtigte und verpflichtete Gegenpartei gegenübersteht.

Auch vom praktischen Standpunkt aus betrachtet würde es einen unhaltbaren Zustand darstellen, wenn die Kündigung nicht dem Erwerber, sondern dem Vermieter erklärt werden müßte, während der Erwerber vielleicht schon vor Jahren an Stelle des Vermieters getreten ist. Man denke z. B. an den nicht seltenen Fall, daß der Mietvertrag auf mehrere Jahre unkündbar geschlossen worden ist. Diese praktischen Bedenken verkennt auch Rönnberg nicht und er kommt des-

---

[111]) Archiv für Bürgerl. Recht Bd. 17 S. 78 ff.

[112]) S. 272.

halb dazu, die Kündigung auch dem Erwerber gegenüber für zulässig zu erklären. Die theoretische Begründung dieses Ergebnisses ist jedoch unzulänglich und zeigt, wie gekünstelt seine Konstruktion ist. Dabei bliebe aber immer noch das unannehmbare Resultat übrig, daß in dem erwähnten Beispielsfalle das Mietverhältnis durch Kündigung des Mieters an den ursprünglichen Vermieter beendigt werden würde, wenn auch der Erwerber von dieser Kündigung keine Kenntnis erhielte.

Kann sonach vom Eigentumsübergang ab nur der Erwerber als der richtige Empfänger der Kündigung erachtet werden, so fragt es sich, ob eine Kündigung wirksam ist, die der Mieter in Unkenntnis der erfolgten Grundstücksveräußerung dem Vermieter erklärt hat. Eine positive Gesetzesvorschrift, nach welcher diese Frage zu beantworten wäre, besteht nicht. Zweifellos wäre es eine unbillige Härte gegen den Mieter, der Kündigung die Wirksamkeit abzusprechen, insbesondere den Fall gesetzt, daß die Veräußerung unmittelbar vor dem Kündigungstermin stattfand. Es erscheint daher gerechtfertigt, die Lücke des Gesetzes im Wege der Analogie auszufüllen und zu diesem Zwecke § 407 Abs. 1 heranzuziehen. Dieser bestimmt bezüglich der Forderungsabtretung, daß der neue Gläubiger jedes nach der Abtretung zwischen dem Schuldner und dem bisherigen Gläubiger in Ansehung der Forderung vorgenommene Rechtsgeschäft gegen sich gelten lassen muß, es sei denn, daß der Schuldner die Abtretung bei Vornahme des Rechtsgeschäfts kennt. Unmittelbar angewendet werden kann zwar diese Vorschrift nicht, da eine gesetzliche Abtretung der Vermieterrechte an den Erwerber, wie schon wiederholt betont, nicht stattfindet, ihre analoge Anwendung zur Gewinnung eines Resultates, das die andernfalls bestehende unbillige Härte beseitigt, erscheint aber um so mehr zulässig, als das Gesetz selbst in den §§ 574, 575 und 576 bezüglich anderer Fragen die Rechtsverhältnisse analog der für die Forderungsabtretung geltenden Sätze regelt. Die aufgeworfene Frage ist sonach zu bejahen [113]).

Es stellt sich aber sofort eine weitere Frage zur Entscheidung. Wie verhält es sich, wenn nach Abschluß des Veräußerungsvertrags die Eintragung in das Grundbuch sich aus irgend einem Grunde verzögert, in die Zwischenzeit aber ein Kündigungstermin fällt und der von der Veräußerung in Kenntnis gesetzte Mieter dem Erwerber kündigt, den er auf Grund der ihm gemachten Anzeige als den Eigentümer des Grundstücks und daher als den richtigen Adressaten ansehen muß. Die Kündigung hätte an den Vermieter gerichtet werden sollen, da bei ihrer Vornahme das Eigentum noch nicht auf den Erwerber übergegangen war. Deshalb aber der dem Erwerber erklärten Kündigung die Wirksamkeit abzusprechen, obwohl dieser doch alsbald darauf das Eigentum am Grundstück erwarb, wäre eine nicht zu rechtfertigende Unbilligkeit und widerspräche dem den Rechtsverkehr beherrschenden Grundsatz von Treu und Glauben. Denn der Erwerber eines Grundstücks muß damit rechnen, daß nach den Verhältnissen des Lebens der Abschluß des Veräußerungsvertrags dem Mieter zur Kenntnis gelangt und diesem daher, da die Grundbucheintragung regelmäßig doch alsbald nach Vertragsabschluß erfolgt, der Erwerber als neuer Eigentümer und sonach als der richtige Adressat für die Kündigung erscheinen muß. Geradezu dolos aber wäre der auf Unwirksamkeit der Kündigung abzielende Einwand dann, wenn der Erwerber selbst sich als solchen dem Mieter angezeigt hat.

12. Da vom Zeitpunkt des Eigentumsübergangs ab der Erwerber an die Stelle des Vermieters tritt, so kann der Mieter von da wie in den bisher erörterten so auch in den sonstigen Beziehungen des Mietverhältnisses nur mehr mit dem Erwerber wirksam in Rechtsgeschäfte sich einlassen, insbesondere also eine Aenderung des Mietvertrags vereinbaren.

---

[113]) So auch Mittelstein S. 277.

Es fragt sich aber, ob der Mieter, wenn er nach dem Eigentumsübergang, aber in Unkenntnis darüber, ein solches Rechtsgeschäft mit dem Vermieter vornimmt, in seinem guten Glauben geschützt ist. Hinsichtlich des Mietzinses genießt er, wie oben dargestellt, kraft ausdrücklicher Gesetzesbestimmung diesen Schutz und hinsichtlich der Kündigung ist ihm, wie in vorstehender Ziffer erörtert, der Schutz des guten Glaubens ebenfalls zuzusprechen. Borcherdt[114]) will den Mieter auch in den sonstigen aus dem Mietverhältnis sich ergebenden Beziehungen geschützt wissen. Dem widerspricht Mittelstein[115]). M. E. wird der Meinung Borcherdts beizustimmen sein. Wenn Mittelstein einwendet, Borcherdt werde offenbar durch den von ihm vertretenen Gedanken der „Succession" des Erwerbers in das Mietverhältnis geleitet, so ist dem zu entgegnen, daß die Vorstellung einer „Succession", wie bereits eingehend erörtert, nicht gleichbedeutend mit der einer „Cession" ist und als richtig erscheint, daß aber nichts im Wege steht, die Vorschriften über die Cession analog anzuwenden. Mittelstein selbst verteidigt die analoge Anwendung für den Fall der Kündigung. Rechtfertigt sie sich aber für diesen Fall, so ist kein stichhaltiger Grund einzusehen, warum sie nicht auch im übrigen zulässig sein sollte. Wenn Mittelstein einwirft, in den über die Grundstücksveräußerung handelnden Paragraphen seien nur Schutzvorschriften hinsichtlich des Mietzinses getroffen und diese wären ganz überflüssig, wenn der Schutz des guten Glaubens ganz allgemein aus den Bestimmungen über die Cession im Wege der Analogie sich ableiten ließe, so müßte er diesen Einwand auch bezüglich der Kündigung gegen sich gelten lassen. Dieser Einwand ist aber nicht durchschlagend. Gerade auf dem Gebiete des Mietrechtes erfolgte mehrfach die ausdrückliche Festsetzung von Bestimmungen, die sich schon

---

[114]) S. 104.
[115]) S. 280.

aus anderen Vorschriften des Gesetzes ergeben. Dies geschah im Interesse einer gerade auf diesem für die Lebensverhältnisse so wichtigen Gebiete besonders erwünschten Deutlichkeit. Man darf daher auf die spezielle Aufnahme einer sich schon aus allgemeinen Gesetzesgrundsätzen ergebenden Bestimmung nicht die strenge, einschränkende Argumentation stützen, daß das Gesetz die weitergehende Anwendung jener allgemeinen Grundsätze ausgeschlossen wissen wolle.

§ 5.

D. Rechtsstellung des Vermieters nach der Veräußerung.

1. Wie oben gezeigt, scheidet der Vermieter in dem Augenblick des Eigentumsübergangs gleichzeitig mit dem Eintritt des Erwerbers aus dem Mietverhältnis aus. Von diesem Zeitpunkt ab stehen ihm daher Ansprüche aus dem Mietverhältnisse gegen den Mieter nicht mehr zu, wie er andererseits diesem auch nicht mehr zur Erfüllung des Mietvertrags verpflichtet ist. Es verbleiben ihm aber die vor dem Eigentumsübergang gegen den Mieter entstandenen Ansprüche auf fälligen Mietzins und Schadensersatz, da der Erwerber nur in die während seiner Eigentumszeit aus dem Mietverhältnisse sich ergebenden Rechte und Verpflichtungen eintritt. Dagegen ist ihm nach dem Eigentumsübergang die Geltendmachung solcher Rechte entzogen, die ihm wegen eines vertragswidrigen Verhaltens des Mieters zustanden, auch wenn die Berechtigung zu ihrer Ausübung vor dem Eigentumswechsel gegeben war. So kann er nach dem Eigentumsübergang dem Mieter nicht mehr außerordentlich kündigen, oder gegen ihn gemäß § 550 auf Unterlassung klagen, auch wenn hierzu vor der Veräußerung ein gerechtfertigter Grund bestand.

Zu Gunsten der ihm verbliebenen Ansprüche behält der Vermieter die Rechte an einer ihm vom Mieter bestellten Sicherheit, worüber in § 4 unter 10. bereits gehandelt wurde.

Es behält ferner das gesetzliche Pfandrecht an den eingebrachten Sachen des Mieters nach Maßgabe der §§ 559 ff. Im Gegensatz zu der überwiegend vertretenen Anschauung[116]) verneint dies Fuld[117]), jedoch mit Unrecht. Ein in der zweiten Kommission gestellter Antrag, das Pfandrecht des Vermieters mit dem Eigentumsübergang erlöschen zu lassen, wurde abgelehnt und es kam bei der Beratung über diesen Antrag die einhellige Ansicht zum Ausdrucke, daß das Pfandrecht des Vermieters ungeachtet des Eigentumswechsels fortbestehen bleibe[118]), welchen Rechtszustand zu ändern eben jener Antrag bezweckte. Diese Anschauung ist auch zutreffend. Denn für das gesetzliche Pfandrecht des Vermieters ist nicht, wie Fuld meint, der Besitz des Vermieters an dem vermieteten Grundstück Voraussetzung, da ihm nur vermöge dieses „Besitzes an der Realität" das Recht zustehe, die Fortschaffung der Sachen zu verhindern. Wie von Mittelstein[119]) gegen Fuld mit Recht betont wird, ist der „Besitz der Realität" nur für die Entstehung, nicht aber für die Fortdauer des Vermieterpfandrechtes Erfordernis. Die Entfernung der eingebrachten Sachen aus dem Grundstück bewirkt das Erlöschen des Pfandrechtes nicht grundsätzlich, sondern nur dann, wenn sie mit Wissen und ohne Widerspruch des Vermieters erfolgt. Daß der Fortbestand des Vermieterpfandrechts nicht von der Fortdauer der — hier allerdings nur in abgeschwächter Form bestehenden — Inhabung der Pfandsache bedingt ist, zeigt auch eine allgemeine Betrachtung über die accessorische Natur dieses Pfandrechts. Der accessorische Charakter, der allerdings von Fuld[120]) und Borcherdt[121]) geleugnet wird, ergibt sich

---

[116]) Planck N. 3b zu § 571; Oertmann N. 5 zu § 571; Borcherdt S. 105 N. 1; Scherer N. 15 zu §§ 559 ff.; Mittelstein S. 289; Brückner S. 124.

[117]) S. 197, 198.

[118]) Protokolle S. 2011—2016 (Mugdan II S. 861, 862).

[119]) S. 188.

[120]) S. 198.

[121]) S. 68.

mit Sicherheit aus § 1257, wonach die Vorschriften über das durch Rechtsgeschäft bestellte Pfandrecht auf ein kraft Gesetzes entstandenes Pfandrecht entsprechende Anwendung finden. Nun bestimmen aber §§ 1250 und 401, daß mit der Übertragung einer durch Faustpfandbestellung gesicherten Forderung das Pfandrecht ohne weiteres auf den neuen Gläubiger übergeht. Zum Übergang des Pfandrechts ist also die Übergabe der Pfandsache keineswegs erforderlich und es ist der Fortbestand des Pfandrechts von der Inhabung unabhängig, selbst dann, wenn von dem ursprünglich Berechtigten veranlaßt wird, daß Pfandrecht und Inhabung der Pfandsache auseinanderfallen[122]). Wenn sonach schon ein Dritter, dem der Vermieter einen Anspruch gegen den Mieter cediert, auch das zur Sicherung der Forderung dienende gesetzliche Pfandrecht erwirbt[123]), so ist nicht einzusehen, warum der Vermieter, dem die mit der Pfandrechtssicherung versehene Forderung verbleibt, das Pfandrecht deshalb verlieren soll, weil die in dem Besitz des Grundstücks bestehende abgeschwächte Form der Pfandinhabung infolge der Veräußerung des Grundstücks nicht mehr von ihm ausgeübt wird. Wie bei der Cession der cedierende Vermieter das Herrschaftsverhältnis über die Sache für seinen Rechtsnachfolger ausübt, so thut dies hier der Grundstückserwerber für seinen Rechtsvorgänger im Eigentum.

Das dem Vermieter verbleibende Pfandrecht hat nach dem Grundsatze der Priorität gemäß §§ 1209, 1257 den Vorrang vor demjenigen des Erwerbers. Hierbei fragt es sich aber, ob das Pfandrecht des Erwerbers gemäß § 1208 in dem Fall den Vorrang genießt, wenn der Erwerber zur Zeit des Pfandrechtserwerbs, d. i. bei dem Übergang des Eigentums am Grundstück sich in Ansehung des Pfandrechts

---

[122]) Motive III S. 836; Protokolle S. 2013 (Mugdan III S. 467; II S. 861, 862.

[123]) Vgl. Mittelstein S. 188.

in gutem Glauben befindet, d. h. keine Kenntnis davon hat, daß der Vermieter gegen den Mieter noch einen Anspruch besitzt, für den die Illaten pfandweise haften. Die Entscheidung ergibt sich aus der Beantwortung der allgemeinen Frage, ob dem Erwerber eines gesetzlichen Pfandrechts der Schutz des § 1208 zusteht oder nicht, eine grundsätzliche Frage, die auch für den praktisch wichtigen Fall von Bedeutung ist, daß der Mieter seine dem Vermieter noch haftende eingebrachte Habe aus den Mieträumlichkeiten entfernt und bei einem anderen Vermieter einbringt, ohne daß dieser bei der Einbringung Kenntnis von dem alten Pfandrecht hat, und nun der alte Vermieter sein Pfandrecht gemäß § 561 Abs. 2 verfolgen will. Bei Besprechung dieses Falles wird dem neuen Vermieter der Schutz des guten Glaubens von Fränkel[124]), Fuld[125]), Arnold[126]) zugesprochen unter Berufung auf § 1257, wonach die Vorschriften über das durch Rechtsgeschäft bestellte Pfandrecht auf ein kraft Gesetzes entstandenes entsprechende Anwendung zu finden haben. Diese Meinung, die grundsätzlich auch Endemann[127]) vertritt, wird von Mittelstein[128]) entschieden bekämpft. Seine Argumentation ist folgende. Jene Meinung beruhe auf Verkennung der Bedeutung des § 1257, da dieser nur die Vorschriften über das vertragsmäßig bestellte Pfandrecht auf das gesetzlich entstandene Pfandrecht entsprechend Anwendung finden lasse, nicht aber die für die Bestellung geltenden Sätze auf die Entstehung des gesetzlichen Pfandrechts. Diese Auslegung finde ihre Bestätigung in den Materialien zum B.G.B. Denn in den Motiven (II Seite 405) werde zum Vermieterpfandrecht ausdrücklich bemerkt, daß der Satz „Hand wahre Hand" überhaupt keine Anwendung auf gesetzliche Pfandrechte

---

[124]) S. 55.
[125]) S. 189.
[126]) S. 164, 165.
[127]) II S. 49.
[128]) S. 204, 205.

finde, und wenn auch in der zweiten Lesung der § 1257, allerdings ohne jede Begründung und offenbar durch die Redaktionskommission, neu aufgenommen worden sei, so liege kein Anhaltspunkt dafür vor, daß man den Standpunkt des ersten Entwurfs habe aufgeben wollen. Hierfür spreche auch die Bemerkung der Denkschrift zum B.G.B. Seite 73[129]), daß gerade mit Rücksicht auf den neuen Vermieter die Ausschlußfrist des § 561 Abs. 1 eingeführt sei, was nur dann einen Sinn habe, wenn dem Vermieter der Schutz des guten Glaubens nicht gegeben sei. Auch in der Denkschrift zum Handelsgesetzbuch Seite 208 werde zu Art. 306 Abs. 3 des H.G.B. auf den Gegensatz zum bürgerlichen Recht hingewiesen, nach welchem in Ansehung gesetzlicher Pfandrechte der Schutz des guten Glaubens nicht Platz greife. Endlich müßte der Satz „Hand wahre Hand", wenn er für die gesetzlichen Pfandrechte gelten sollte, notwendig die Konsequenz ergeben, daß auch die dem Mieter nicht gehörigen Illaten dem gutgläubigen Vermieter verhaftet wären, was aber nach der Fassung des § 559 ausdrücklich ausgeschlossen sei.

Mittelstein gelangt sonach zu dem Resultat, daß das alte Pfandrecht ohne Rücksicht auf den guten Glauben des neuen Vermieters dem neuen Pfandrecht vorgeht. Dieser Anschauung und ihrer Begründung ist m. E. voll und ganz beizupflichten.

Ist sonach die aufgeworfene grundsätzliche Frage in dem soeben erörterten Sinn zu beantworten, so ergibt sich für das Verhältnis des Vermieters zum Grundstückserwerber, daß das Pfandrecht des ersteren unter allen Umständen den Vorrang genießt.

2. Es ist klar, daß das Ausscheiden des Vermieters aus dem Mietverhältnis eine Benachteiligung des Mieters bewirken würde, wenn der Erwerber die aus dem Mietvertrag sich ergebenden Verpflichtungen nicht erfüllen würde, der

---

[129]) Mugdan II S. 1252.

Mieter aber von ihm wegen Zahlungsunfähigkeit oder aus einem sonstigen thatsächlichen Hinderungsgrund Ersatz für den durch die Nichterfüllung erwachsenen Schaden nicht zu erlangen vermöchte. Einen solchen Erfolg, der eine nicht zu rechtfertigende Unbilligkeit gegen den Mieter bedeuten würde, wollte der Gesetzgeber nicht eintreten lassen. Die Erwägung, daß dem Mieter neben seinen Ansprüchen gegen den Erwerber noch ein Schutz in der Person desjenigen, mit welchem er sich in das Vertragsverhältnis eingelassen hatte, also des Vermieters, gewahrt bleiben müsse, fand ihren Ausdruck in der Bestimmung des § 571 Absatz 2 Satz 1: „Erfüllt der Erwerber die Verpflichtungen nicht, so haftet der Vermieter für den von dem Erwerber zu ersetzenden Schaden wie ein Bürge, der auf die Einrede der Vorausklage verzichtet hat."

Durch diese Vorschrift ist also dem Vermieter vom Zeitpunkt des Eigentumsübergangs an die Stellung eines selbstschuldnerischen Bürgen zugewiesen. Seine Haftung besteht aber lediglich für die Ansprüche des Mieters auf Schadensersatz. Ein bürgschaftsmäßiger Anspruch auf Erfüllung der Vertragsverpflichtungen selbst steht dem Mieter gegen den Vermieter nicht zu[130]). Für den Schadensersatz haftet der Vermieter samtverbindlich mit dem Erwerber.

3. Diese bürgschaftsmäßige Haftung erstreckt sich jedoch nicht auf die ganze Zeit, während welcher der Erwerber und der Mieter das Mietverhältnis fortbestehen lassen, sondern ist zeitlich beschränkt. § 571 Abs. 2 Satz 2 bestimmt: „Erlangt der Mieter von dem Übergange des Eigentums durch Mitteilung des Vermieters Kenntnis, so wird der Vermieter von der Haftung befreit, wenn nicht der Mieter das Mietverhältnis für den ersten Termin kündigt, für den die Kündigung zulässig ist."

Unerläßliche Voraussetzung für diese Haftungsbefreiung ist, daß der Vermieter dem Mieter Mitteilung von dem

[130]) Mittelstein S. 290.

Eigentumsübergang gemacht hat. Anderweitig erlangte Kenntnis des Mieters genügt nicht[131]). Dies ergibt sich nicht nur aus dem deutlichen Wortlaut des Gesetzestextes, sondern auch aus den Verhandlungen der zweiten Kommission. Denn ein dort gestellter Antrag, demzufolge lediglich die Kenntnis des Mieters als Voraussetzung genügen sollte, wurde zu Gunsten des zum Gesetze gewordenen Antrags unter Erörterung der für und gegen ihn sprechenden Erwägungen abgelehnt[132]). Eine Formvorschrift besteht für die Mitteilung des Vermieters nicht. Ebensowenig ist ihre Wirksamkeit an eine zeitliche Schranke gebunden. Versäumt der Vermieter, die Mitteilung alsbald nach dem Eigentumsübergang dem Mieter zu machen, so kann er sie in jedem späteren Zeitpunkt vornehmen.

Erfolgt jene Mitteilung des Vermieters, so bestimmt sich nach dem Zeitpunkt, in dem sie ergangen ist, der erste Termin im Sinne des § 571 Abs. 2 Satz 2, für welchen das konkrete Mietverhältnis vertragsmäßig oder mangels Vereinbarung gesetzlich kündbar ist. Gilt also z. B. für das Mietverhältnis vierteljährige Kündigung, und geht dem Mieter am 1. September die Mitteilung des Vermieters über die am 1. März erfolgte Veräußerung des Grundstücks zu, so ist der erste Termin, für den die Kündigung zulässig ist, der 31. Dezember, für welchen Termin innerhalb der ersten drei Werktage des Oktobers gekündigt werden kann.

Kündigt der Mieter für den ersten zulässigen Termin und bewirkt somit für diesen Zeitpunkt die Beendigung des Mietverhältnisses, so besteht zu seinen Gunsten für die ganze noch währende Dauer des Mietverhältnisses die bürgschaftsmäßige Haftung des Vermieters. Kündigt er dagegen nicht für diesen ersten Termin, so wird der Vermieter von seiner Haftung frei. Es fragt sich, von welchem Zeitpunkt ab diese Befreiung eintritt. Keinem Zweifel kann unterliegen,

---

[131]) So auch Planck N. 4 c zu § 571; Oertmann N. 4 b zu § 571; Fuld S. 212; Mittelstein S. 273.

[132]) Protokolle S. 1886 (Mugdan II S. 819).

daß sie nur für die Zukunft erfolgt, während eine bereits entstandene Bürgschaftshaftung von der Kündigung oder Nichtkündigung unberührt bleibt. Dies zeigen deutlich die Beratungen der zweiten Kommission. Zu der beantragten Bestimmung, die — in nur redaktionell veränderter Fassung — als nachmaliger Absatz 2 des § 571 Aufnahme in das Gesetz fand, lagen folgende zwei Anträge bezüglich der Fassung des Satzes 2 vor: „Der Vermieter wird von dieser Haftung für die Zukunft frei, wenn der Mieter ... nicht zu dem ersten Termin, zu welchem die Kündigung statthaft ist, kündigt" und: „Wenn jedoch der Mieter ... nicht zu dem ersten Termin, zu welchem die Kündigung statthaft ist, kündigt, so wird der Vermieter von diesem Tage an von der Haftung frei." Bei den Beratungen hierüber wurde betont, es stehe nur eine redaktionelle Abweichung vom ersten Antrag in Frage, soweit diese Gegenanträge hervorheben wollten, daß die Mithaftung des Vermieters nur in Ansehung derjenigen Schadensersatzverbindlichkeiten wegfalle, die sich nach dem ersten Termin, zu welchem der Mieter kündigen könne, ergäben. Die Frage wurde daher der Redaktionskommission zur Prüfung überlassen[133]. Es wurde also ausdrücklich anerkannt, daß in dem hier in Rede stehenden Punkt der angenommene Antrag materiell mit den nur in der Fassung abweichenden Gegenanträgen übereinstimme. Hiernach kann der Vorschrift des § 571 Abs. 2 Satz 2 eine andere Auslegung als die oben vertretene nicht gegeben werden. Die gleiche Anschauung wird vertreten von Planck[134], Borcherdt[135], Fuld[136], Mittelstein[137], Arnold[138], Brückner[139]. Nur Oert-

[133] Protokolle S. 1883—1886 (Mugdan II S. 819).
[134] N. 4 c zu § 571.
[135] S. 106.
[136] S. 212, 213.
[137] S. 290.
[138] S. 110, 111.
[139] S. 125.

mann[140]) ist „mehr für Befreiung auch für die Vergangenheit", welche Meinung jedoch nach dem Ausgeführten unhaltbar ist.

Ist sonach daran festzuhalten, daß die Befreiung nur für die Zukunft eintritt, so hebt sich die weitere Frage, von welchem Tage ab diese „Zukunft" zu berechnen ist, ob nämlich von demjenigen Termin ab, an welchem, oder von demjenigen ab, für welchen die Kündigung erstmals zulässig ist, ob also, um ein Beispiel zu setzen, die Befreiung vom 1. Juli bezw. dem dritten Werktag im Juli oder vom 1. Oktober ab eintritt, wenn bei Bestehen einer vierteljährigen Kündigungsfrist der letzte September der erste Termin ist, für den gekündigt werden kann, der Mieter die Kündigung aber unterläßt. Diese Frage ist sehr bestritten. Für die Befreiung von dem Termin ab, an welchem erstmals gekündigt werden kann, sind Borcherdt[141]), Rönnberg[142]), Mittelstein[143]), Arnold[144]) und anscheinend auch Fränkel[145]), wogegen Fuld[146]) und Brückner[147]) den Termin, für welchen die Kündigung erstmals zulässig ist, als den kritischen Zeitpunkt bezeichnen. Um diese Frage zu entscheiden, ist es notwendig, auf die ratio legis einzugehen, die der Vorschrift des § 571 Abs. 2 zu Grunde liegt. Die Vertreter der ersteren Meinung knüpfen an die in den Beratungen der zweiten Lesung zum Ausdruck gebrachte und auch in der Denkschrift zum B.G.B. wiederkehrende Erwägung an, es dürfe, wenn der Mieter die Kündigung unterlasse, angenommen werden, daß ihm der Eintritt des Erwerbers in die Stellung des Vermieters genehm sei[148]).

---

[140]) N. 4 b zu § 571.

[141]) S. 106.

[142]) Archiv f. Bürgerl. Recht 17 S. 83.

[143]) S. 272, 273.

[144]) S. 110.

[145]) S. 74.

[146]) S. 212.

[147]) S. 126 N. 6.

[148]) Protokolle S. 1885; Denkschrift S. 76 (Mugdan II S. 819, 1254).

Bringe also der Mieter durch die Unterlassung der Kündigung zum Ausdruck, daß ihm der Erwerber als Nachfolger des Vermieters passe, so müsse von diesem Zeitpunkt ab als dem der Genehmigungskundgebung die Forthaftung des Vermieters erlöschen. Dieser Anschauung kann m. E. nicht beigepflichtet werden. Die Haftung des Vermieters erlischt nicht deshalb, weil der Mieter den Erwerber als Nachfolger im Mietverhältnis genehmigt. Wäre dies der Fall, so müßte man folgerichtig die Erlöschung der Haftung z. B. auch dann behaupten, wenn der Mieter zu dem ihm die Veräußerung des Grundstücks anzeigenden Vermieter äußern würde, daß ihm die Person des Erwerbers genehm sei, oder wenn er sich derart dem Erwerber selbst gegenüber äußern würde. Eine solche Behauptung wäre aber mangels jedes Anhaltspunktes im Gesetze zweifellos unhaltbar. Die ratio legis ist denn auch eine andere. Sie geht dahin, daß der Mieter, wie schon erwähnt, infolge der Veräußerung des Grundstücks nicht schlechter gestellt werden soll dadurch, daß er an Stelle seines Gegenkontrahenten einen möglicherweise insolventen Erwerber erhält. Zur Vermeidung einer Verschlechterung seiner Lage soll die bürgschaftsmäßige Haftung des Vermieters dienen. Diese Sicherstellung kann aber nur für die Zeit gefordert werden, während welcher der Mieter nach der Veräußerung an den Mietvertrag noch gebunden ist, also für die Zeit bis zu dem Termin, für welchen die Kündigung erstmals zulässig ist. Denn es wäre offenbar unbillig, dem Vermieter eine Bürgschaftshaftung über diesen Termin hinaus aufzubürden, wenn der Mieter das Mietverhältnis, obwohl er es zu lösen vermag, freiwillig über jenen Zeitpunkt hinaus fortsetzt. Der Mieter erhält den Erwerber an Stelle des Vermieters kraft gesetzlicher Vorschrift, ohne daß er darüber befragt wird, und selbst gegen seinen Willen, und an diesen ihm aufgedrängten Zustand ist er bis zu dem bezeichneten Termin gebunden; die Fortsetzung des Mietverhältnisses über diesen Termin hinaus aber ist Sache seines freien Willens. Es war daher gesetzgeberisch richtig, die Haftung des Vermieters auf die gebundene Zeit des Mieters zu beschränken. Hat aber das Gesetz für diese Zeit dem Mieter jenen Schutz gewährt, so ist kein Grund vorhanden, diesen Schutz während dieses Zeitraums deshalb in Wegfall kommen zu lassen, weil der Mieter sich mit einem Zustand einverstanden erklärt, an den er ohnehin gebunden ist, auch wenn er ihm nicht genehm ist. Von dieser Betrachtung ausgehend, wird man auch die oben erwähnte, in den Verhandlungen der zweiten Kommission geltend gemachte Erwägung über die Genehmigung des Eintritts des Erwerbers im richtigen Sinn dahin aufzufassen haben, daß sie sich auf die Fortsetzung des Mietverhältnisses über den möglichen ersten Endigungstermin hinaus bezieht. Diese Auffassung findet ihre Bestätigung in den oben besprochenen Verhandlungen über den Gegenantrag, wonach die Vorschrift über die Haftungsbefreiung die Fassung erhalten sollte, daß die Befreiung von dem Tage ab, zu welchem erstmals gekündigt werden kann, eintrete und von dem anerkannt wurde, daß er von dem angenommenen Antrag materiell nicht abweiche. Bemerkt sei hierbei, daß die in jenem Antrag gewählte Wendung: „zu dem ersten Termin, zu welchem . . .“ gleichbedeutend ist mit der sprachlich richtigeren Formulierung des Gesetzestextes: „für den ersten Termin, für den . . .“.

Es ergibt sich sonach das Resultat, daß die Haftung des Vermieters, auch wenn der Mieter von der ersten Kündigungsmöglichkeit nicht Gebrauch macht, sich auf den Zeitraum bis zu dem Termin erstreckt, für den die Kündigung des Mieters erstmals zulässig ist. Für die Richtigkeit dieser Anschauung gewinnt man eine Bestärkung, wenn man den Art. 171 des Einführungsgesetzes zum B.G.B. in Vergleich zieht. Dieser schreibt vor, daß ein zur Zeit des Inkrafttretens des B.G.B. bestehendes Miet-, Pacht- oder Dienstverhältnis, wenn nicht die Kündigung nach dem Inkrafttreten des Gesetzes für den ersten zulässigen Termin erfolgt, von diesem Termin an sich nach den Vorschriften des B.G.B. bestimmt. Auch dieser Vorschrift liegt die Erwägung zu Grunde, es dürfe, wenn von der Kündigungsmöglichkeit nicht Gebrauch gemacht werde, angenommen werden, daß den Vertragsteilen der neue Rechtszustand genehm sei[149]). Bei der unzweideutigen Fassung des Artikels ist hier aber jeder Zweifel darüber ausgeschlossen, daß im Falle der Nichtkündigung erst von dem Termin an, für welchen erstmals gekündigt werden kann, die Bestimmungen des B.G.B. Anwendung finden.

Die Richtigkeit der hier vorgetragenen Anschauung bewährt sich, wenn man den Fall betrachtet, daß für den ersten zulässigen Termin zwar nicht der Mieter, jedoch der Erwerber kündigt. Nach der hier vertretenen Ansicht haftet in diesem Fall der Vermieter für die Zeit bis zur Beendigung des Mietverhältnisses, ohne daß es irgend einer weiteren Prüfung bedarf. Nicht so nach der bekämpften Meinung. Denn da § 571 Abs. 2 Satz 2 die Haftungsbefreiung an die Unterlassung der Kündigung des Mieters knüpft, so kommt die von dem Erwerber vorgenommene Kündigung hier nicht in Rücksicht und es würde jener Meinung zufolge durch die Unterlassung des Mieters die Haftungsbefreiung des Vermieters für die noch laufende Zeit des Mietverhältnisses eintreten. Dieses Resultat könnte aber selbst vom Standpunkt der bekämpften Meinung dann nicht gebilligt werden, wenn der Mieter selbst zu kündigen beabsichtigte, dies aber nur deshalb unterließ, weil der Erwerber ihm kündigte und daher seine Kündigung gegenstandslos gewesen wäre. Hier könnte bei der gegenteiligen Willensrichtung des Mieters selbstverständlich nicht von einer Genehmigung des Eintritts des Erwerbers gesprochen werden. Es müßte also im einzelnen Fall die Entscheidung darauf abgestellt werden, aus welchem Motiv der Mieter die Kündigung unterließ, ob nur mit Rücksicht auf die bereits erfolgte Kündigung des Erwerbers

---

[149]) Vgl. Protokolle S. 9009 (Mugdan I S. 224).

oder, weil der Mieter seinerseits das Mietverhältnis fortzusetzen geneigt war. Daß eine solche Feststellung in der Praxis mit den größten Schwierigkeiten verbunden, ja in vielen Fällen geradezu unmöglich wäre, ist unbestreitbar und spricht also gegen die bekämpfte Ansicht.

4. Ein im Verkehrsleben nicht seltener Fall hat im Gesetze spezielle Berücksichtigung nicht gefunden, nämlich der, daß nach dem Mietvertrag der Vermieter an diesen für längere Zeit, z. B. für mehrere Jahre gebunden ist, während dem Mieter Kündigung mit kürzerer Frist zusteht. Solche Verhältnisse finden sich namentlich bei Geschäftsräumlichkeiten, wenn der Mieter aus Rücksicht für sein Erwerbsgeschäft ein Interesse daran hat, die Räumlichkeit für längere Zeit gesichert gegen Steigerung des Mietzinses innehaben zu können, während er andererseits für den möglichen Fall, daß geschäftliche Rücksichten die Aufgabe der Räumlichkeiten erheischen sollten, sich nicht für längere Zeit binden will. Erfolgt in einem solchen Fall die Veräußerung des Grundstücks und erfordert das wirtschaftliche Interesse des Mieters, das Mietverhältnis nicht zu kündigen, sondern die ganze Zeit hindurch, für welche die Gegenpartei an den Vertrag gebunden ist, auszuhalten, so ist es klar, daß der Mieter durch die Veräußerung schlechter gestellt würde, wenn seine Unterlassung der Kündigung die Haftungsbefreiung des Vermieters zur Folge haben sollte. Denn während er sich durch den Vertrag das Mietobjekt für einen längeren Zeitraum gesichert hatte, stünde er nun vor der Alternative, entweder die ihm vorteilhaften Räumlichkeiten, deren Beibehaltung sein wirtschaftliches Interesse gebietet, vor Ablauf des Zeitraums aufzugeben oder auf die Forthaftung des Vermieters verzichten zu müssen. Andererseits wäre der Vermieter bevorteilt, da er ohne die Grundstücksveräußerung an das Mietverhältnis nach Maßgabe des Vertrags gebunden gewesen wäre, während er nun eine vorzeitige Befreiung von seiner Bürgschaftshaftung gewinnen würde. Erwägt man dieses unbillige Ergebnis, so wird es

richtig sein, bei ungleichartiger Regelung der Kündigung als ersten zulässigen Termin im Sinne des § 571 Abs. 2 Satz 2 denjenigen zu erachten, für welchen der Mieter und der Erwerber erstmals kündigen kann. Ist also z. B. ein Mietvertrag ab 1. Oktober 1900 unter Festsetzung vierteljähriger Kündigung mit der Maßgabe abgeschlossen, daß der Vermieter vor dem 1. Juli 1905 die Kündigung nicht erklären darf, und erfolgt die Grundstücksveräußerung nebst Benachrichtigung des Mieters im Mai 1901, so ist nach obigem als erster Termin, für den die Kündigung zulässig ist und mit welchem die Haftung des Vermieters erlischt, der 1. Oktober 1905, nicht der 1. Oktober 1901 zu erachten.

5. Zur Beantwortung stellt sich noch die Frage, welchen Einfluß es auf die Haftung des Vermieters hat, wenn zu einer Zeit, wo diese Haftung noch nicht erloschen ist, der Erwerber und der Mieter das zwischen ihnen kraft gesetzlicher Vorschrift entstandene Rechtsverhältnis zu einem Vertragsverhältnis gestalten, wenn sie z. B. zur Bestärkung des gesetzlich eingetretenen Rechtszustands eine dem Inhalt des ursprünglichen Vertrags entsprechende Urkunde unterzeichnen, in welcher sie als die Kontrahenten erscheinen, oder den Rechtszustand sonstwie als einen vertraglichen erklären, oder wenn sie den Inhalt des zwischen dem Mieter und dem Vermieter geschlossenen Mietvertrags abändern. Rönnberg[150]), dem sich Mittelstein[151]) anschließt, vertritt die Meinung, daß durch die Herstellung eines solchen vertraglichen Zustands die Haftung des Vermieters erlösche, weil hiermit der Mieter den Eintritt des Erwerbers in das Mietverhältnis genehmige. Diese Meinung findet ihre Widerlegung durch das, was oben unter Ziffer 3. dagegen geltend gemacht wurde, daß bei Unterlassung der Kündigung schon mit dem Termin, an welchem sie erstmals zulässig ist, die Befreiung des Ver-

[150]) a. a. O. S. 84.

[151]) S. 273 N. 10.

mieters eintrete. Wie dort gezeigt, kann die Genehmigung des Eintritts des Erwerbers einen Einfluß auf die Haftung des Vermieters für diejenige Zeit, während welcher der Mieter auch gegen seinen Willen den Erwerber als Nachfolger des Vermieters sich gegenüberstehen lassen muß, nicht ausüben. Es ist hier auch kein sonstiger innerer Grund zu erblicken, der die Annahme rechtfertigen könnte, daß der Mieter mit der Gestaltung des kraft Gesetzes eingetretenen Rechtsverhältnisses zu einem vertraglichen auf die ihm in der Bürgschaftshaftung des Vermieters gegebene wertvolle Sicherung verzichten wolle. Wenn Rönnberg die Erlöschung der Haftung in diesem Fall als dem praktischen Bedürfnis entsprechend erachtet, so ist dem zu erwidern, daß gerade das Gegenteil zutrifft. Denn es müßte sich der Mieter, um nicht den Vorteil jener Haftung zu verlieren, ängstlich davor in acht nehmen, mit dem Erwerber in Beziehungen zu treten, die irgendwie als Schaffung eines vertraglichen Zustands erachtet werden könnten, er müßte peinlichst jede auch noch so geringfügige und nebensächliche Aenderung vermeiden, er müßte, wenn der Erwerber eines Hauses, wie dies im Leben häufig geschieht, den Wohnungsmietern sich vorstellt und dabei erklärt, er sei in die Mietverträge eingetreten und es bleibe zwischen ihm und den Mietern alles beim alten, sich vor jeder Gegenäußerung hüten, die als „Anerkennung des bestehenden Rechtszustandes als vertraglichen“ angesehen werden könnte. Daß solche Konsequenzen dem praktischen Bedürfnisse widersprechen würden, ist offensichtlich.

Wird nach dem Gesagten durch eine Aenderung des Vertragsinhalts der Vermieter von seiner Bürgschaftshaftung nicht befreit, so ist es selbstverständlich, daß sich seine Haftung nur auf solche Schadensersatzansprüche des Mieters erstreckt, die sich auf den bei der Grundstücksveräußerung bestehenden Vertragsinhalt zu stützen vermögen, nicht aber auf Ersatzansprüche für einen Schaden, den der Erwerber durch Nichterfüllung einer erst durch die Vertragsänderung übernommenen Verpflichtung verursacht.

6. Erfolgt die Sondernachfolge in das Eigentum des Mietgrundstücks auf Grund eines Vermächtnisses (vergl. oben § 2 Note 2) so trifft die bürgschaftsmäßige Haftung an Stelle des Vermieters nach der Natur der Sache dessen Erben.

Veräußert der Vermieter einen ideellen Anteil des Grundstücks, so ergibt sich die Besonderheit, daß er bei Unterlassung der Kündigung für den ersten Termin seitens des Mieters von seiner Haftung in Ansehung des veräußerten Anteils nicht frei wird, ja daß sich seine Haftung überhaupt nicht auf die bürgschaftsmäßige Haftung für Schadensersatz einschränkt, da er, wie oben in § 3 unter Ziffer 4. gezeigt, samtverbindlich mit dem Anteilserwerber für die gesamten Vermieterverpflichtungen weiterhin haftet.

§ 6.

E. Weiterveräußerung des Grundstücks.

Für den Fall, daß der Erwerber des Grundstücks dieses weiter veräußert, trifft § 579 Vorschrift. Nach seinen Bestimmungen haben die Vorschriften des § 571 Abs. 1 und der §§ 572 bis 578 entsprechende Anwendung zu finden, hat ferner der ursprüngliche Vermieter dem Mieter nach § 571 Abs. 2 zu haften, wenn der neue Erwerber die sich aus dem Mietverhältnis ergebenden Verpflichtungen nicht erfüllt. Der neue Erwerber tritt sonach in die Rechte und Pflichten aus dem Mietverhältnis ein, wobei es selbstverständlich ist, daß deren Umfang nicht aus dem ursprünglichen Inhalt des Mietvertrags zu entnehmen ist, falls während der Eigentumszeit des ersten Erwerbers eine Aenderung erfolgte, sondern sich nach dem Vertragsinhalt richtet, wie dieser zur

Zeit des Eigentumsüberganges auf den neuen Erwerber besteht.

Das gleiche gilt, da § 579 eine Einschränkung nicht macht, in entsprechender Weise auch für den Fall einer dritten und weiteren Veräußerung.

Sinngemäße Anwendung hat sonach für den Fall einer zweiten oder weiteren Veräußerung all das bisher Erörterte zu finden, jedoch mit einer Ausnahme. Diese betrifft die Bürgschaftshaftung. Zwar erleidet diese Haftung des ursprünglichen Vermieters durch eine weitere Veräußerung keinen Eintrag, so lange seine aus der von ihm vorgenommenen Veräußerung entsprungene Bürgschaftshaftung überhaupt noch besteht. Er haftet also insolange auch für diejenigen Schadensersatzansprüche, die dem Mieter gegen den zweiten oder weiteren Erwerber zustehen, wobei wieder selbstverständlich ist, daß sich der Umfang seiner Haftung auf den Inhalt des Mietvertrags beschränkt, wie dieser zur Zeit der von ihm vorgenommenen Veräußerung bestand. Die Ausnahme besteht darin, daß dem Erwerber des Grundstücks eine über seine Besitzzeit hinausgehende Haftung nicht obliegt, daß er nicht gleich dem ursprünglichen Vermieter für Schadensersatzansprüche gegen den zweiten oder weiteren Erwerber bürgschaftsmäßig zu haften hat. Dies ergibt sich mit Deutlichkeit aus § 579 Satz 1, wonach der Absatz 2 des § 571 nicht als entsprechend anwendbar angeführt ist, während § 579 Satz 2 die Forthaftung des ursprünglichen Vermieters festsetzt.

Fischer-Henle[152]), Meisner[153]) und Kuhlenbeck[154]) vertreten die Meinung, es sei, wenn der ursprüngliche Vermieter von seiner Haftung gemäß § 571 Abs. 2 frei geworden sei, der Erwerber als Vermieter im Sinn des § 579 Abs. 2 zu erachten und hafte dieser demgemäß für Schadensersatzansprüche gegen seine Nachfolger wie ein Bürge. Kuhlen-

[152]) N. zu § 579.

[153]) Bem. zu § 579.

[154]) N. 1 zu § 579.

beck begründet diese Meinung damit, daß der erste Erwerber in alle dem Vermieter aus dem Mietverhältnis obliegenden Verpflichtungen, also auch in die nur eventuell gesetzlich bedingten, eingetreten sei. Diese Anschauung läßt sich jedoch bei der präzisen Fassung des § 579 nicht halten[155]). Die Einschränkung der Haftung des Erwerbers im Gegensatz zu der des Vermieters ist eine vom Gesetzgeber beabsichtigte, was sich aus den Verhandlungen in der zweiten Kommission ergibt[156]).

Anders gestaltet sich die Rechtslage, wenn der Erwerber Vermieter geworden ist, d. h. wenn das zwischen ihm und dem Mieter bestehende Rechtsverhältnis sich zu einem vertragsmäßigen gestaltet hat. In diesem Falle haben alle für den Vermieter geltenden Sätze selbstverständlich auch auf ihn Anwendung zu finden.

Da, wie früher erörtert, in der Unterlassung der Kündigung für den ersten nach der Veräußerung zulässigen Termin die Fortsetzung des Mietverhältnisses auf vertragsmäßiger Grundlage zu erblicken ist, so kann es in einem konkreten Fall von diesem Gesichtspunkte aus zutreffen, daß der erste Erwerber als Bürge haftet, wenn der ursprüngliche Vermieter frei geworden ist. Besteht z. B. für ein Mietverhältnis vierteljährige Kündigung, veräußert der Vermieter A das Grundstück am 15. Januar an B und setzt hiervon den Mieter in Kenntnis, unterläßt sodann der Mieter die zu Anfang April für Ende Juni zulässige Kündigung und veräußert B das Grundstück am 15. August an C, so haftet nun allerdings B als Bürge für die dem Mieter gegen C entstehenden Schadensersatzansprüche. Veräußert aber z. B. B am 15. März an C und gibt hiervon dem Mieter erst am 10. April Kenntnis, so wird A wie im vorigen Fall vom

---

155) Vgl. Schollmeyer S. 53; Planck, N. zu § 579; Oertmann, N. zu § 579; Borcherdt S. 109; Mittelstein S. 291; Brückner S. 130 N. 1; Arnold S. 114.

156) Protokolle S. 1941 (Mugdan II S. 839).

1. Juli ab frei, während B erst ab 1. Oktober von seiner Bürgschaftshaftung befreit wäre, wenn ihm eine solche obliegen würde. Eine solche trifft ihn jedoch nicht, da der Mieter mit ihm, der zur Zeit der nach der Veräußerung des A eingetretenen ersten Kündigungsmöglichkeit nicht mehr Eigentümer des Grundstücks war, durch die Kündigungsunterlassung in ein Vertragsverhältnis nicht getreten ist. Dem Mieter haftet sonach ab 1. Juli nur der zweite Erwerber C.

Im Falle der Weiterveräußerung kann es auch eintreten, daß der Mieter neben der Haftung des ursprünglichen Vermieters auch die bürgschaftsmäßige Haftung eines Erwerbers oder noch eine weitere erhält. Veräußert z. B. der Vermieter A am 15. Januar an B und B am 10. März an C, und unterlassen beide die Benachrichtigung des Mieters, veräußert sodann C im Mai an D, wovon er dem Mieter sofort Kenntnis gibt, und machen diesem nunmehr auch A und B Mitteilung über ihre Veräußerungen, so hat der Mieter, vorausgesetzt, daß er mit B und C in ein Vertragsverhältnis trat, für die Zeit von der letzten Veräußerung bis zum 1. Oktober die bürgschaftsmäßige Haftung von A, B und C. Die mehreren Bürgen haften mit dem letzten Erwerber und unter sich samtverbindlich.

§ 7.

F. Abänderung der gesetzlichen Bestimmungen durch Vertrag.

Im vorstehenden sind die Rechtsfolgen dargestellt, die nach den gesetzlichen Vorschriften eintreten, wenn das Grundstück, nachdem es dem Mieter überlassen worden ist, veräußert wird. Diese Vorschriften sind jedoch nicht zwingender, sondern nachgiebiger Natur und können daher durch Parteivereinbarung abgeändert werden. Obwohl es sozialpolitische Erwägungen waren, die dazu führten, an Stelle des im ersten Entwurf vorgesehenen Prinzips „Kauf bricht Miete“

den entgegengesetzten Grundsatz „Kauf bricht nicht Miete“ in das Gesetz aufzunehmen, so ist doch dieser Grundsatz nicht mit der Kraft einer zwingenden Rechtsvorschrift ausgestattet. Eine solche anzunehmen, fehlen alle Anhaltspunkte. Der Gesetzestext selbst enthält keine Wendung, die den einschlägigen Vorschriften zwingenden Charakter verleihen würde, und es ergibt sich auch aus den Gesetzesmaterialien nicht, daß es Absicht des Gesetzgebers gewesen wäre, ihnen diesen Charakter beizulegen. Die Möglichkeit, die Vorschriften der §§ 571 ff. durch Parteivereinbarung zu beseitigen oder abzuändern, kann daher nicht bezweifelt werden[157]).

Selbstverständlich können solche Abmachungen Wirksamkeit nur haben, wenn sie unter Mitwirkung oder doch mit Zustimmung desjenigen, zu dessen Gunsten die abzuändernde Gesetzesvorschrift besteht, erfolgt, soferne zu dessen Nachteil die Abänderung vorgenommen werden soll. Beispielsweise kann bei Abschluß des Mietvertrags oder nachträglich zwischen Vermieter und Mieter vereinbart werden, daß im Falle der Grundstücksveräußerung der Erwerber nicht an den Mietvertrag gebunden sein soll, oder daß er das Mietverhältnis kurzfristig kündigen darf, oder daß der Vermieter der Bürgschaftshaftung entbunden ist u. s. w. Wird aber eine derartige Vereinbarung zwischen dem Vermieter und dem Erwerber getroffen, so ist sie dem Mieter gegenüber nur wirksam, wenn dieser ihr zustimmt[158]). Dagegen bedarf nicht der Zustimmung des Erwerbers eine Vereinbarung zwischen dem Vermieter und Mieter, daß bei Veräußerung des Grundstücks das Mietverhältnis sofort erloschen oder der Mieter zu einer vorzeitigen Kündigung berechtigt sein soll. Denn wenn auch in einem konkreten Fall das Bestehen eines Mietverhältnisses für den Erwerber von Vorteil ist — was sogar häufig

---

[157]) So auch Fuld S. 53, 223; Cosack II S. 284, 286; Oertmann, N. 6 zu §§ 571 ff.; Mittelstein S. 53, 292; Arnold S. 106; Brückner S. 124; Staudinger, Bem. A 3 zu § 571 (S. 355).

[158]) So auch Fuld S. 223; Mittelstein S. 292.

zutreffen wird — so fällt hier das Erfordernis der Zustimmung des Benachteiligten weg, weil, wie schon oben unter § 3 erörtert, der Erwerber nach gesetzlicher Vorschrift an den Inhalt des Mietvertrags gebunden ist, gleichgültig, ob dieser ihm vorteilhaft oder nachteilig ist.

Selbstverständlich können auch, ohne daß an dem Grundsatz des § 571 selbst gerüttelt wird, über Einzelheiten abweichende Bestimmungen getroffen werden. Es kann sonach der Vermieter mit dem Erwerber vereinbaren, daß bereits fällige Mietzins- oder sonstige Ansprüche dem Erwerber, oder umgekehrt, daß künftig anfallende Ansprüche noch dem Vermieter zustehen sollen. Der praktisch wichtigste Fall einer solchen Abmachung ist die in Kaufverträgen sich sehr häufig findende Bestimmung, daß Nutzen und Lasten des veräußerten Grundstücks von einem bestimmten, nicht mit dem Eigentumsübergang zusammenfallenden Tag auf den Erwerber übergehen. Vereinbarungen solcher Art sind aber ausschließlich nach den Regeln über die Forderungsübertragung zu beurteilen und es muß sich daher der Cessionar, soweit es sich um die abgetretene Forderung handelt, alle Einwendungen aus der Person des Abtretenden gefallen lassen.

Findet eine solche Abtretung statt, so geht kraft der bereits unter § 5 erörterten accessorischen Natur des Pfandrechts das zu Gunsten des abgetretenen Anspruchs bestehende Pfandrecht auf den Erwerber des Anspruchs über.

§ 8.

III. Veräußerung des Grundstücks vor Überlassung an den Mieter.

1. Für den Fall, daß die Veräußerung des Grundstücks, d. h. der Eigentumsübergang erfolgt, bevor das Grundstück dem Mieter überlassen ist, enthält das B.G.B. eine ausdrückliche Bestimmung nicht. Die hier geltende Vorschrift

ist argumento e contrario aus § 571 Abs. 1 abzuleiten, wonach der Eintritt des Erwerbers in das Mietverhältnis nur dann erfolgt, wenn das Grundstück vor dem Eigentumsübergang dem Mieter überlassen wurde. Mangelt diese Voraussetzung, so haben für die Beteiligten diejenigen Rechtsfolgen einzutreten, die sich nach allgemeinen Regeln aus der Natur des Mietvertrags ergeben. Aus der rechtlichen Natur des Mietvertrags, der an sich ein obligatorisches Band nur zwischen dem Vermieter und dem Mieter knüpft, folgt, daß der außerhalb dieses obligatorischen Verhältnisses stehende Grundstückserwerber und der Mieter durch den Eigentumsübergang in keinerlei Rechtsbeziehung zu einander treten. Der Erwerber ist sonach an den zwischen Vermieter und Mieter geschlossenen Vertrag in keiner Weise gebunden und nicht verpflichtet, dem Mieter das Grundstück zu überlassen und den Gebrauch zu gewähren, dies auch dann nicht, wenn der Mieter nach dem Eigentumsübergang ohne den Willen des Erwerbers in den Besitz des Grundstücks gekommen ist, welchenfalls der Erwerber kraft seines Eigentumsrechtes die Herausgabe des Grundstücks fordern kann. Daß daher dem Mieter im Falle der Verweigerung der Überlassung auch kein Schadensersatzanspruch gegen den Erwerber zusteht, ist selbstverständlich.

Als weitere wichtige Folgerung aus obigem Grundsatz ergibt sich aber mit zwingender Notwendigkeit, daß auch der Erwerber keinen Anspruch gegen den Mieter auf Vertragserfüllung besitzt, selbst wenn er seinerseits bereit ist, an Stelle des Vermieters die aus dem Mietverhältnis sich ergebenden Verpflichtungen zu erfüllen. Diese Konsequenz zu ziehen, unterlassen die Schriftsteller, die sich bisher mit dem Mietrecht befaßten, mit wenigen Ausnahmen[159]), indem sie die Rechtswirkungen der Veräuße-

[159]) Nur Mittelstein S. 294 und Wolff, N. 3 zu § 57 Zw.-Verst.-Ges. weisen kurz darauf hin.

rungen lediglich von dem Gesichtspunkt aus betrachten, inwieweit und wann der Mieter in seinen aus dem Mietvertrag sich ergebenden Rechten dem Erwerber gegenüber geschützt ist, während sich doch als gleichwertig die Frage aufwirft, welche Rechte der Erwerber gegen den Mieter erwirbt.

Zur Herstellung eines Mietverhältnisses zwischen dem Erwerber und dem Mieter ist also eine Willenseinigung zwischen diesen Personen, ein Vertragsabschluß erforderlich, was aber auch stillschweigend, z. B. durch thatsächliche Überlassung des Grundstücks an den Mieter seitens des Erwerbers erfolgen kann. Da diese Willenseinigung grundsätzlich als selbständiger Vertragsabschluß aufzufassen ist, so kann der Inhalt des zwischen dem ursprünglichen Vermieter und dem Mieter geschlossenen Vertrags, insoweit er von den gesetzlichen Normen abweicht, an sich nicht als Inhalt des zwischen dem Erwerber und dem Mieter eingegangenen Mietverhältnisses erachtet werden. Jedoch wird, soferne nicht im einzelnen Fall besondere Umstände dagegen sprechen, der Inhalt des alten Vertrags regelmäßig als stillschweigend gewollt anzusehen sein.

Eine wichtige Folge der Selbständigkeit des neuen Mietverhältnisses ist, daß eine Bürgschaftshaftung des ursprünglichen Vermieters für einen Schaden, den der Mieter durch eine Vertragsverletzung des Erwerbers erleidet, nicht besteht. Es haftet zwar der ursprüngliche Vermieter — da das zwischen ihm und dem Mieter geknüpfte Vertragsband durch die Veräußerung selbstverständlich nicht gelöst wird — aus dem Gesichtspunkt der subjektiven Unmöglichkeit der Vertragserfüllung für den dem Mieter erwachsenden Schaden, wenn der Erwerber kraft seines ihm zustehenden Rechtes sich weigert, dem Mieter das Grundstück dem alten Mietvertrag entsprechend zu überlassen. Geht aber der Erwerber das Mietverhältnis ein, so richten sich die Ansprüche aus diesem Vertragsverhältnis ausschließlich gegen den Erwerber als den Gegenkontrahenten. Nicht ausgeschlossen erscheint dabei allerdings die Geltendmachung von Schadensersatzansprüchen gegen den ursprünglichen Vermieter, falls der Erwerber seinen Verpflichtungen nicht nachkommt, Schadensersatz aber von diesem, z. B. wegen Insolvenz, nicht zu erlangen ist. Diese Haftung unterscheidet sich aber von der bürgschaftsmäßigen Haftung des Vermieters nach § 571 Abs. 2. Das als ihre Voraussetzung erforderliche Vorhandensein eines Schadens kann erst dann angenommen werden, wenn der Mieter von dem Erwerber aus thatsächlichen Hinderungsgründen Befriedigung seines Schadensersatzanspruches nicht erlangen kann. Für die Bürgschaftshaftung nach § 571 Abs. 2 ist dagegen der vorausgehende Zugriff gegen den Erwerber oder die Aussichtslosigkeit dieses Zugriffes gemäß ausdrücklicher Gesetzesvorschrift als Voraussetzung nicht erfordert.

2. Anders gestaltet sich das Rechtsverhältnis zwischen Vermieter, Erwerber und Mieter, wenn der Erwerber dem Vermieter gegenüber die Erfüllung der sich aus dem Mietvertrag ergebenden Verpflichtungen übernommen hat. In diesem Fall gilt nach Vorschrift des § 578 in allen Richtungen das Gleiche, wie im Fall der Veräußerung nach Gebrauchsüberlassung an den Mieter und es haben demnach die gesamten für letzteren Fall geltenden gesetzlichen Bestimmungen Anwendung zu finden.

Wir haben hier also die eigenartige Erscheinung, daß die Vereinbarung zwischen Vermieter und Erwerber die Rechtsstellung des Mieters beeinflußt, ohne daß auf dessen Willen Rücksicht genommen wird. Die Vereinbarung wirkt unmittelbar für und gegen den Mieter. Diese Bestimmung ist eine Spezialvorschrift, sie kann aus den allgemeinen Sätzen über die Cession, die Schuld- oder Erfüllungsübernahme, den Vertrag zu Gunsten Dritter nicht abgeleitet werden.

Erfolgt zwischen Vermieter und Erwerber die besagte Übernahme der Verpflichtungen, so haben die Vorschriften der §§ 571 bis 576, wie bereits betont, ausnahmslos zu gelten[160]). Cosack[161]) will jener Übernahme nur eine beschränkte Wirkung zubilligen. Nach seiner Meinung soll zwar der Erwerber in alle Vermieterpflichten und -Rechte eintreten, wie wenn das Grundstück dem Mieter bereits überlassen wäre, sollen aber im übrigen die Wirkungen der Überlassung nicht Platz greifen, so daß die Regeln über die Unwirksamkeit der Vorausverfügungen über den Mietzins u. s. w. nicht Geltung hätten. Diese übrigens ohne Begründung vorgetragene Ansicht ist unhaltbar. Sie geht vermutlich davon aus, als ob § 578 den Inhalt hätte, daß im Falle der besagten Übernahme „die Vorschrift des § 571 Abs. 1" gelte. Nach dem deutlichen Wortlaut des § 578 gilt aber das Gleiche wie „in dem Fall des § 571 Abs. 1", also das Gleiche wie in dem Fall der bereits erfolgten Überlassung.

Die Vorschrift des § 578 findet nach § 579 auch für den Fall einer Weiterveräußerung entsprechende Anwendung. Die entsprechende Anwendung kann nur darin bestehen, daß die Bestimmungen der §§ 571 ff. nur bezüglich desjenigen Erwerbers Geltung haben, der dem veräußernden Grundstückseigentümer gegenüber die Mietverpflichtungen übernommen hat, nicht aber darin, daß die Übernahme seitens eines Erwerbers auch für einen späteren Erwerber, der sie nicht vornimmt, wirksam sei[162]).

Die in § 578 festgesetzten Wirkungen der Übernahme der Vertragserfüllung seitens des Erwerbers treten nur dann ein, wenn der Erwerber die Erfüllung der aus dem Mietvertrag sich ergebenden Verpflichtungen im vollen Umfang übernimmt. Eine nur teilweise Übernahme hat jene Wirkungen nicht. Welche Rechte eine solche dem Mieter verschafft, ist im einzelnen Falle nach den allgemeinen Rechtssätzen des B.G.B. zu entscheiden. Jedenfalls ist eine nur

---

[160]) So auch Fuld S. 227; Oertmann, N. 1 zu § 578; Mittelstein S. 295.

[161]) II S. 288.

[162]) So auch Cosack II S. 288; Mittelstein S. 295, 296.

teilweise Übernahme nicht im stande, den Mieter ohne seine Zustimmung dem Erwerber gegenüber zu verpflichten.

Eine Formvorschrift für die Übernahme der Vermieterverpflichtungen stellt das Gesetz nicht auf. Insbesondere ist nicht erfordert, daß sie im Veräußerungsvertrag selbst erfolgen müsse. Auch von der Wahrung eines bestimmten Zeitpunktes macht § 578 die Wirksamkeit der Übernahme nicht abhängig. Mittelstein[163]) vertritt die Meinung, daß die Übernahme der Verpflichtungen vor dem Eigentumsübergang erfolgen müsse, da die Rechtswirkungen, welche sonst auf der Überlassung beruhen, hier, wo diese noch nicht stattgefunden habe, an die Abmachung des Erwerbers mit dem Vermieter geknüpft seien, diese Abmachung also an Stelle der Überlassung stehe, jene aber gemäß § 571 Abs. 1 vor dem Eigentumsübergang erfolgt sein müsse. Dieser Ansicht ist m. E. nicht beizupflichten. Ihre Richtigkeit vorausgesetzt, wäre allerdings eine präzise Festsetzung geschaffen, bis zu welchem Zeitpunkt die Übernahme der Verpflichtungen mit der besagten Wirksamkeit getroffen werden könnte, und hiermit der Vorzug gewonnen, daß die unten zu erörternde Schwierigkeit beseitigt wäre. Nach der Fassung des § 578 erscheint sie aber nicht als begründet. Nur in ihren rechtlichen Folgen stehen sich die Überlassung des Grundstücks und die Übernahme der Verpflichtungen gleich, ihre Funktion ist also die gleiche; daß aber sie selbst in ihrer Stellung als juristische Thatsachen völlig gleichartig zu behandeln seien, ergibt sich aus § 578 nicht. Wäre dies der Wille des Gesetzgebers gewesen, so hätte er in ungezwungener Weise durch die einfache Einschiebung der Worte „vor dem Übergang des Eigentums“ im Bedingungssatz zum Ausdruck gebracht werden können. Nach der bestehenden Fassung aber ist als Voraussetzung für die der Grundstücksüberlassung gleichkommenden Wirkungen schlechtweg die Übernahme der Vertragserfüllung gesetzt, so daß auch der nach Eigentumsübergang

[163]) S. 295.

erfolgten, hierauf abzielenden Abmachung die Wirksamkeit zugesprochen werden muß. Es ist auch kein innerer Grund einzusehen, warum hier der Erfolg versagt sein sollte, wenn man daran festhält, daß die Übernahme, was auch Mittelstein nicht bestreitet, nicht im Veräußerungsvertrag selbst vereinbart zu werden braucht.

Kommt sonach auch der nach dem Eigentumsübergang erfolgten Übernahme der Verpflichtungen die spezifische Wirkung nach § 578 zu, so ergibt sich, falls die Übernahme bis zum Eigentumsübergang nicht stattfand, für das Verhältnis zwischen dem Mieter und dem Erwerber zunächst ein Schwebezustand, insoferne als diese vorerst noch nicht gegenseitig berechtigt und verpflichtet sind, für jeden Augenblick aber die Möglichkeit besteht, daß durch eine Vereinbarung zwischen dem Erwerber und dem Vermieter der Rechtszustand nach § 578 geschaffen wird. Es ist nicht zu verkennen, daß ein solcher Zustand der Ungewißheit für den Mieter ein höchst lästiger ist, um so mehr, als die Rechtsänderung ohne alles Zuthun von seiner Seite eintritt. Geradezu unerträglich wäre aber dieser Zustand, wenn der Mieter in ihm bis zu dem Tage verbleiben müßte, an dem nach seinem mit dem Veräußerer des Grundstücks ursprünglich geschlossenen Mietvertrag das Mietverhältnis beginnen sollte, und erst in diesem Zeitpunkt Gewißheit darüber erlangen könnte, ob der Erwerber in das Mietverhältnis eingetreten ist oder nicht. Von dieser Erwägung ausgehend ist folgendes Resultat zu gewinnen: Gegen den Willen des Mieters kann nach dem Eigentumsübergang der Eintritt des Erwerbers in das Mietverhältnis dann nicht mehr herbeigeführt werden, wenn entweder der Erwerber dem Mieter oder dieser dem Erwerber erklärt hat, daß er die Erfüllung des Mietvertrags ablehne. Mit Abgabe einer solchen Erklärung muß der in diesem Zeitpunkt bestehende Rechtszustand, daß weder der Erwerber noch der Mieter an den Mietvertrag gebunden ist, als festgelegt erachtet werden.

Wie gezeigt, hängt der Schutz der Rechte des Mieters davon ab, ob der Grundstückserwerber die aus dem Mietverhältnis sich ergebenden Verpflichtungen ausdrücklich übernimmt. Ein weiteres Schutzmittel dem Erwerber gegenüber gewährt das Gesetz nicht. Borcherdt[164]) allerdings will dem Mieter die Befugnis zusprechen, auf Grund der §§ 883, 885 im Wege einer zu beantragenden einstweiligen Verfügung eine Vormerkung im Grundbuch zur Erhaltung seines Rechtes aus dem Mietvertrage zu verlangen. Mit Recht verwirft Mittelstein[165]) diese Meinung als irrig, weil § 883 nur die Vormerkung zur Sicherung eines Rechtes an einem Grundstück zuläßt, das Mietrecht aber kein Recht an dem Grundstück ist, weil ferner das Mietrecht unstreitig nicht eintragungsfähig und somit auch nicht vormerkungsfähig ist, da das Gesetz ein Provisorium ohne die Möglichkeit eines Definitivums unmöglich gewollt haben kann.

Selbstverständlich steht aber dagegen nichts im Wege, daß sich der Mieter von dem Vermieter auf dessen Grundstück eine Sicherungshypothek zu Gunsten von Schadensersatzansprüchen eintragen läßt für den Fall, daß bei einer Veräußerung der Erwerber das Mietverhältnis nicht übernehmen sollte.

§ 9.

IV. Belastung des Grundstücks.

Für den Fall der Veräußerung des vermieteten Grundstücks ist, wie im vorstehenden dargestellt, den Rechten des Mieters Schutz gewährt. Eine ähnliche Gefährdung wie bei der Veräußerung würden aber diese Rechte mangels gesetzlichen Schutzes erleiden, wenn das Grundstück zu Gunsten eines Dritten mit einem dinglichen Recht belastet würde,

---

[164]) S. 110 fg.

[165]) S. 294.

durch dessen Ausübung dem Mieter der vertragsmäßige Gebrauch der Mietsache vereitelt oder geschmälert würde. Das Gesetz ließ es daher nicht bei den Vorschriften für den Fall der Veräußerung bewenden, sondern unterzog auch den Fall der Belastung der Regelung, wobei es auf diesen im allgemeinen die gleichen Grundsätze ausdehnte, die für jenen gelten. § 577 bestimmt: „Wird das vermietete Grundstück nach der Überlassung an den Mieter von dem Vermieter mit dem Rechte eines Dritten belastet, so finden die Vorschriften der §§ 571 bis 576 entsprechende Anwendung, wenn durch die Ausübung des Rechtes dem Mieter der vertragsmäßige Gebrauch entzogen wird. Hat die Ausübung des Rechtes nur eine Beschränkung des Mieters in dem vertragsmäßigen Gebrauche zur Folge, so ist der Dritte dem Mieter gegenüber verpflichtet, die Ausübung zu unterlassen, soweit sie den vertragsmäßigen Gebrauch beeinträchtigen würde." Nach Vorschrift des § 578 findet § 577 auch bei Veräußerung des Grundstücks vor Überlassung an den Mieter Anwendung, wenn der Erwerber des dinglichen Rechtes dem Vermieter gegenüber die Erfüllung der sich aus dem Mietverhältnis ergebenden Verpflichtungen übernommen hat.

Hiernach besteht auch für den Fall der Belastung ein einschneidender Unterschied, je nachdem das Mietverhältnis zur Zeit der Belastung schon vollzogen, das Grundstück dem Mieter schon überlassen, oder dies noch nicht geschehen ist.

1. Ist das Grundstück dem Mieter bereits überlassen, so genießt der Mieter in seinen Rechten vollen Schutz. Seine Rechtsstellung gegenüber dem Dritten gestaltet sich aber verschieden je nach der Art des belastenden Rechtes.

a) Die eine in Betracht kommende Gruppe von Rechten bilden diejenigen, deren Ausübung ihrer Natur nach dem Mieter den vertragsmäßigen Gebrauch des Grundstücks entziehen würde. Solche sind das Erbbaurecht (§ 1012), der Nießbrauch (§ 1030), das Wohnungsrecht (§ 1093). Erfolgt die Belastung mit einem derartigen Recht, so haben nach § 577 Satz 1 die Vorschriften der §§ 571 bis 576 entsprechende Anwendung zu finden. Die Bedeutung dieser Bestimmung ist nicht unzweifelhaft. Planck[166]) und Endemann[167]) vertreten die Anschauung, daß der Dritte die gleiche Rechtsstellung wie der Erwerber im Falle der Veräußerung habe, also auch Anspruch auf den Mietzins im gleichen Umfang wie der Grundstückserwerber besitze. Dem gegenüber nimmt Oertmann[168]) Stellung unter Hinweis darauf, daß die bekämpfte Anschauung eine völlig gleiche Anwendung der §§ 571 bis 576 gelten lassen will, während diese doch nur entsprechende Anwendung zu finden haben. Was den Mietzins betrifft, so findet er die entsprechende Anwendung darin, ihn dem Dritten nur insoweit zuzusprechen, als diesem nach der Natur des dinglichen Rechtes die Früchte des Grundstücks, zu denen gemäß § 99 Abs. 3 auch die Mietzinse gehören, gebühren, was nicht bei allen Rechten der fraglichen Art zutrifft, so z. B. nicht bei dem Wohnrecht nach § 1093. Die sonstigen Rechte sowie die Verpflichtungen des Vermieters kommen nach seiner Auffassung allerdings dem Dritten zu, aber nicht an Stelle des Vermieters, sondern neben ihm. Hiernach stehen, wie er ausführt, auf der Vermieterseite nunmehr zwei Beteiligte. Der Vermieter wie der Dritte sind zugleich berechtigt und verpflichtet, jedoch nicht als Gesamtgläubiger bezw. -Schuldner, sondern jeder in seiner besonderen Weise, Rechte und Pflichten des Dritten reichen nur so weit, als seine Beziehungen zum Mietgrundstück, die ihm das an diesem Grundstück eingeräumte dingliche Recht gewährt.

Der von Oertmann vertretenen Anschauung ist sowohl in der speziellen Frage über den Mietzins, als auch im allgemeinen hinsichtlich der Rechte und Verpflichtungen des Ver-

166) N 1 zu § 577.

167) I S. 761.

168) N. 1 zu § 577.

mieters beizutreten. Zutreffend argumentiert er, daß, falls das Recht des Dritten während der Dauer der Miete erlischt, dem Mieter niemand mehr als Verpflichteter gegenüber stünde, wenn die Verpflichtung völlig auf den Dritten übergegangen wäre. Denn wie sollte der Mieter jetzt plötzlich auf den nach § 571 Abs. 2 befreiten Vermieter zurückgreifen können? Daß man auf Grund der bekämpften Anschauung dem Vermieter konsequenterweise auch die Befreiung gemäß § 571 Abs. 2 zubilligen müßte, ist bei dieser Argumentation zutreffend unterstellt. Ähnliches gilt aber, wie Oertmann weiter ausführt, auch von den Rechten des Vermieters auf Rückgewähr der Mietsache, Schadensersatz u. s. w.

Der Dritte hat also, wie Mittelstein[169]) unter Billigung der Anschauung Oertmanns betont, während der Dauer seines dinglichen Rechtes als Herrscher über das Grundstück die aus dem Mietverhältnis sich ergebenden Verpflichtungen zu erfüllen, wogegen der Vermieter dem Mieter nur für Schadensersatz gemäß § 571 Abs. 2 Satz 1 haftet. Der Vermieter tritt jedoch hier nicht, wie bei der Grundstücksveräußerung in die Stellung eines Bürgen zurück und wird deshalb auch nicht nach Maßgabe des § 571 Abs. 2 Satz 1 frei. Da er in der Rolle des Vermieters verbleibt, so kann der Mieter auch ihm kündigen. Hier besteht sonach eine Duplizität des Mietverhältnisses, die das Gesetz für den Fall der Veräußerung des Grundstücks, wie früher erörtert, ausgeschlossen hat.

Die rechtliche Konstruktion der im vorstehenden dargestellten Rechtsbeziehungen zwischen den Beteiligten ist die gleiche wie in dem Falle der Veräußerung des Mietgrundstücks und es gilt sonach auch hier das zu diesem Fall Erörterte in entsprechender Weise. Die Pflichten und Rechte gegenüber dem Mieter begründen sich für den Dritten nicht im Wege einer — beschränkten — Cession bezw. Schuldüber-

[169]) S. 297.

nahme, sondern sie entstehen für ihn von selbst kraft seiner dinglichen Berechtigung an dem Grundstück für die Dauer dieser Berechtigung und zwar neben den Rechten und Pflichten des Eigentümers als Vermieters. Die Miete als Realobligation schafft hier neben ihrer Hauptwirkung gegenüber dem Eigentümer noch eine Nebenwirkung gegenüber dem in re Berechtigten [170]).

b) Als zweite Gruppe kommen diejenigen dinglichen Rechte in Betracht, deren Ausübung nur eine Beschränkung des Mieters in dem vertragsmäßigen Gebrauch zur Folge hat. Solche Rechte sind Grunddienstbarkeiten (§ 1018) und beschränkte persönliche Dienstbarkeiten (§ 1090). Hier tritt keinerlei Aenderung in dem Mietverhältnis zwischen Vermieter und Mieter ein. Rechte und Pflichten bleiben einerseits bei dem Vermieter wie andererseits bei dem Mieter. Dem Dritten gegenüber bildet aber das Mietverhältnis eine Schranke in der Ausübung seines dinglichen Rechtes. Er hat diese insoweit zu unterlassen, als sie den vertragsmäßigen Gebrauch des Grundstücks durch den Mieter stören würde, also gänzlich oder teilweise, je nach dem Umfang der Beeinträchtigung. Mangels jeglicher Störung bleibt er in der Ausübung unbehindert.

Die Vorschrift des § 577 Satz 2 gibt also dem Mieter einen persönlichen Anspruch gegen den Dritten auf entsprechende Unterlassung der Ausübung seines Rechtes. Selbstverständlich gewährt sie ihm auch eine Einrede gegen dessen dinglichen Anspruch.

2. Erfolgt die Belastung des Mietgrundstückes, bevor dieses dem Mieter überlassen ist, so hat der Dritte das Mietverhältnis nicht zu respektieren. Sein dingliches Recht geht vor. Die in diesem Falle dem Mieter gegen den Vermieter wegen Nichterfüllung des Vertrags zustehenden Rechte ergeben sich aus den allgemeinen Vorschriften über die Miete.

---

[170]) Oertmann, N. 2 zu § 577.

Der Dritte ist hier also in der Ausübung seines Rechtes durch den abgeschlossenen Mietvertrag nicht beschränkt. Andererseits ist aber in den oben unter 1. a) behandelten Fällen, in denen der Dritte den Mietvertrag zu erfüllen und Anspruch auf den Mietzins hätte, der Mieter ihm gegenüber ebensowenig an den Mietvertrag gebunden, wie gegenüber dem Grundstückserwerber im Falle der Veräußerung vor Überlassung.

Die Rechtslage der Beteiligten gestaltet sich aber geradeso wie im Fall der Belastung nach Vollzug des Mietverhältnisses, wenn der Dritte dem Vermieter gegenüber die Erfüllung der sich aus dem Mietverhältnis ergebenden Verpflichtungen übernommen hat, (§ 578). In Anwendung auf den Fall, daß das Grundstück mit einem den mietvertragsmäßigen Gebrauch nur beschränkenden Rechte belastet wird, ist diese Vorschrift dahin aufzufassen, daß dem Mieter der Anspruch auf entsprechende Nichtausübung unmittelbar gegen den Dritten entsteht, wenn der Dritte dem Vermieter gegenüber sich verpflichtet hat, die Ausübung seines Rechtes insoweit zu unterlassen, als sie den Mieter stören würde. Daß eine dem Mieter gegenüber übernommene Verpflichtung dieses Inhalts den Dritten ebenfalls bindet, ist selbstverständlich.

3. Zur Beantwortung stellt sich noch die Frage, ob eine Belastung im Sinne des § 577 vorliegt, wenn das einer Frau gehörige und von ihr vor ihrer Verehelichung vermietete Grundstück durch die spätere Verehelichung als eingebrachtes Gut der Verwaltung und Nutznießnng ihres Ehemanns unterworfen wird. Borcherdt[171]) bejaht die Frage, jedoch mit Unrecht[172]). Das Nutznießungsrecht des Ehemanns ist allerdings ein dem Nießbrauch analoges dingliches Recht an einem fremden Vermögen[173]), § 577 hat aber offensicht-

[171]) S. 114.

[172]) So auch Mittelstein S. 296 N. 2.

[173]) Vgl. Motive IV S. 180 ff.; Protokolle S. 5112, 5113 (Mugdan IV S. 99 ff., 754).

lich nur die dingliche Belastung des Mietgrundstücks im Wege eines Rechtsgeschäfts im Auge. Das Nutznießungsrecht des Ehemanns entsteht jedoch nicht durch Rechtsgeschäft, sondern als Folge der Eheschließung von selbst kraft gesetzlicher Vorschrift und fällt sonach nicht in den Bereich des § 577. Daß aber der Ehemann die von der Ehefrau vor ihrer Verheiratung eingegangenen Mietverträge zu respektieren hat, ergibt sich aus den Vorschriften des B.G.B. über das eheliche Güterrecht.

§ 10.

V. Zwangsveräußerung.

Die Rechtssätze über die Einwirkung der Zwangsveräußerung auf das bestehende Mietverhältnis enthält das Reichsgesetz über die Zwangsversteigerung und die Zwangsverwaltung vom 24. März 1897.

Nach den Vorschriften dieses Gesetzes ist zu unterscheiden zwischen der Zwangsversteigerung im eigentlichen Sinn des Wortes, nämlich der Zwangsversteigerung im Vollstreckungsverfahren zum Zwecke der Befriedigung der Gläubiger, welcher gemäß § 172 Zw.-Verst.-Ges. die Versteigerung auf Betreiben des Konkursverwalters gleichgestellt ist, und den sonstigen im Zwangsversteigerungsgesetz vorgesehenen Arten der zwangsweisen Veräußerung, nämlich der Versteigerung auf Antrag des Erben (§ 175 Zw.-Verst.-Ges.) und die Versteigerung zum Zwecke der Aufhebung einer Gemeinschaft (§ 180 Zw.-Verst.-Ges.).

1. a) Die Rechtswirkungen der im Zwangsvollstreckungsverfahren erfolgenden Versteigerung auf das Mietverhältnis regelt § 57 des Zwangsversteigerungsgesetzes. Hiernach haben, wenn das Grundstück oder der vermietete Teil desselben — die Bestimmung des § 580 B.G.B. gilt wie für den Fall des § 571 B.G.B., so auch hier — dem Mieter vor der Versteigerung überlassen worden ist,

die Vorschriften der §§ 571, 572, 573 Satz 1, 574 und 575 B.G.B. entsprechende Anwendung zu finden. Es wird sonach durch die Zwangsversteigerung, abgesehen von den sofort zu besprechenden Ausnahmen, im allgemeinen die gleiche Rechtslage für die Beteiligten geschaffen, wie durch die freiwillige Veräußerung. Der Ersteher tritt an Stelle des Vermieters, des Subhastaten, in die sich während der Dauer seines Eigentums aus dem Mietverhältnis ergebenden Rechte und Verpflichtungen ein, der Subhastat als Vermieter haftet nach Maßgabe des § 571 Abs. 2 B.G.B. wie ein Bürge. Für alle sich hieraus ergebenden Rechtsbeziehungen im einzelnen gilt sonach das, was früher hinsichtlich der freiwilligen Veräußerung erörtert wurde.

Eine Ausnahme besteht vor allem darin, daß hier der Grundsatz: „Kauf bricht nicht Miete" eine wesentliche Durchbrechung erleidet. Nach § 57 Satz 2 Zw.-Verst.-Ges. ist der Ersteher berechtigt, das Mietverhältnis unter Einhaltung der gesetzlichen Kündigungsfrist — s. § 565 Abs. 1 S. 1, Abs. 4 B.G.B. — zu kündigen. Kraft dieser Vorschrift ist der Ersteher befugt, das Mietverhältnis vorzeitig zu lösen, ohne Rücksicht auf entgegenstehende Bestimmungen des Mietvertrags, sei es, daß durch den Vertrag eine längere Kündigungsfrist festgesetzt oder der Vertrag für eine bestimmte längere Zeitdauer abgeschlossen worden war. Für den Ersteher gilt hier also der Satz: „Kauf bricht Miete", jedoch in der zu Gunsten des Mieters gemilderten Form, daß die gesetzliche Kündigungsfrist gewahrt werden muß. Zu beachten ist, daß dieser Grundsatz nur zu Gunsten des Erstehers Geltung hat; dem Mieter ist ein vorzeitiges Kündigungsrecht nicht gewährt. Das Recht der vorzeitigen Kündigung verliert aber der Ersteher gemäß § 57 Satz 3 Zw.-Verst.-Ges, wenn er die Kündigung nicht für den ersten Termin, für den sie nach dem Eigentumsübergang zulässig ist, erklärt. Unterläßt er die Kündigung für diesen ersten Termin, so ist er an das Mietverhältnis ohne zeitliche Einschränkung gebunden.

Macht der Ersteher von dem Rechte der vorzeitigen Kündigung Gebrauch, so hat er dem Mieter weder für den diesem hierdurch erwachsenden Schaden aufzukommen, noch eine im Mietvertrag etwa festgesetzte Konventionalstrafe zu bezahlen. Denn insoweit ihm kraft gesetzlicher Vorschrift das vorzeitige Kündigungsrecht zusteht, sind ihm gegenüber die entgegenstehenden Bestimmungen des Mietvertrags unwirksam. Wegen des Schadensersatzes und der Konventionalstrafe kann sich daher der Mieter nur an den Subhastaten als Vermieter halten. Wolff[174]) vertritt die Meinung, der Mieter dürfe im Falle vorzeitiger Kündigung auch dem Ersteher gegenüber die Ermäßigung des Mietzinses auf die ortsübliche Höhe beanspruchen, wenn er sich nachweisbar nur mit Rücksicht auf die vereinbarte längere Vertragsdauer auf den im Mietvertrag festgesetzten höheren Mietzins eingelassen hatte. Diese aus Billigkeitserwägungen entsprungene Ansicht findet jedoch im Gesetze eine Begründung nicht und es muß daher auch in dieser Richtung der Mieter ausschließlich auf seinen Gegenkontrahenten verwiesen werden.

Eine weitere wichtige Ausnahme von den für die freiwillige Veräußerung geltenden Regeln schafft § 57 Zw.-Verst.-Ges., indem er Satz 2 des § 573 B.G.B. nicht als anwendbar erklärt. Es sind sonach Vorausverfügungen des Subhastaten über den Mietzins, die dieser vor der Zwangsveräußerung getroffen hat, insoweit sie sich auf eine spätere Zeit als das laufende und nächstfolgende Kalendervierteljahr beziehen, dem Ersteher gegenüber auch dann unwirksam, wenn dieser sie im Zeitpunkt des Eigentumsüberganges, d. i. gemäß § 90 Zw.-Verst.-Ges. des Zuschlags, kannte. Dies gilt nicht nur für die Vorausverfügungen zu Gunsten eines Dritten, z. B. Abtretung, Verpfändung, sondern auch für die mit dem Mieter in Ansehung des Mietzinses vorgenommenen Rechtsgeschäfte, also insbesondere die Mietzinszahlung, da die

---

[174]) N. 6 zu § 57 Zw.-Verst.-Ges.

Vorschrift des § 573 Satz 2, wie früher bereits erörtert, auch für diese Rechtsgeschäfte Geltung hat.

Nicht anwendbar ist ferner § 576 B.G.B., was sich aus der Natur der Sache ohne weiteres erklärt. Aber auch den § 579 B.G.B führt § 57 Zw.-Verst.-Ges. nicht unter denjenigen Vorschriften an, welche entsprechend zu gelten haben. Gleichwohl erachtet Mittelstein[175]) den § 579 B.G.B. als entsprechend anwendbar, da dessen Vorschriften schon aus § 571 B.G.B. zu folgern seien. Dieser Anschauung ist beizupflichten. Wie bei den Beratungen der zweiten Kommission anerkannt wurde[176]), ergeben sich bei richtiger Auslegung des § 571 die Sätze des § 579 schon aus § 571 und es fand die spezielle Vorschrift des § 579 nur zur Verdeutlichung des Gesetzeswillens Aufnahme in das Gesetzbuch, insbesondere zur Präzisierung des Unterschiedes in der Rechtsstellung des Erwerbers zu derjenigen des Vermieters. Aus der Nichtverweisung auf § 579 kann nicht gefolgert werden, daß dessen Vorschriften, insoweit sie den Fall der vollzogenen Miete betreffen, nach dem Willen des Gesetzgebers ausgeschlossen sein sollten. Zu einer solchen Annahme würde einerseits jede innere Motivierung des Ausschlusses fehlen, während sich andererseits die Nichtverweisung auf § 579 damit erklären läßt, daß dieser Paragraph auch den Fall der noch nicht vollzogenen Miete behandelt, wogegen § 57 Zw.-Verst.-Ges. ausschließlich den Fall der vollzogenen Miete zum Gegenstand hat. —

Voraussetzung für die Geltung der in § 57 Zw.-Verst.-Ges. gegebenen Vorschriften ist, daß das Grundstück vor dem Eigentumsübergang an den Ersteher dem Mieter überlassen worden ist. Hinsichtlich des Begriffes der Überlassung ist auf die in § 2 dieser Abhandlung gegebenen Erörterungen zu verweisen. Es fragt sich hier aber, ob es genügt, daß die

---

175) S. 306.

176) Protokolle S. 1942 (Mugdan S. 839).

Überlassung nur **vor dem Zuschlag** erfolgte, oder ob sie auch **vor der Beschlagnahme** des Grundstücks stattgefunden haben muß. § 57 a. a. O. gibt über diese Frage keinen Aufschluß, sie ist daher aus dem übrigen Inhalt des Gesetzes zu entscheiden. Wolff[177]) spricht der Überlassung die Wirksamkeit nach § 57 nur zu, soferne sie sich als eine innerhalb der Grenzen einer ordnungsmäßigen Wirtschaft sich bewegende Maßnahme qualifiziert, wobei es jedoch nicht ganz klar ist, ob er als weitere Voraussetzung erfordert, daß sie auf Grund einer schon vor der Beschlagnahme eingegangenen obligatorischen Verpflichtung erfolgt sein müsse. Dieser Meinung tritt Mittelstein[178]) unter Geltendmachung des zweiten Erfordernisses bei. Es stützt sich diese Anschauung auf die Argumentation, daß die Überlassung des Grundstücks oder eines Teiles desselben an den Mieter sich als Verfügung im Sinne der §§ 135, 136 B.G.B. charakterisiere und daher unwirksam sei, da nach § 23 Zw.-Verst.-Ges. die Beschlagnahme die Wirkung eines Veräußerungsverbotes habe. Dies gelte auch für den Fall, daß der Mietvertrag schon vor der Beschlagnahme abgeschlossen wurde, da dessenungeachtet die Überlassung immer als „Verfügung" im erwähnten Sinn erachtet werden müsse. Allerdings wirke das Veräußerungsverbot an sich nur zu Gunsten des Beschlagnahmegläubigers, das Grundstück gehe aber auf den Ersteher mit den Wirkungen der Beschlagnahme über und alle vom Schuldner nach der Beschlagnahme konstituierten Rechte an dem Grundstück seien nur nach Maßgabe des § 10 Ziff. 6 Zw.-Verst.-Ges. an dem Versteigerungserlöse geltend zu machen, erlöschen aber gemäß § 91 Abs. 1 a. a. O. durch den Zuschlag. Demgegenüber komme jedoch § 24 a. a. O. in Betracht, wonach dem Subhastaten die Verwaltung und Benutzung des Grundstücks innerhalb der Grenzen einer ordnungsmäßigen Wirtschaft ver-

---

[177]) N. 4 zu § 57 Zw.-Verst.-Ges.
[178]) S. 308.

bleibe. Nur einer innerhalb dieser Grenzen sich haltenden Überlassungshandlung könne sonach die Wirkung gemäß § 57 Zw.-Verst.-Ges. zuerkannt werden.

M. E. ist dieser Anschauung nicht beizupflichten, sondern die Überlassung auch dann als dem Ersteher gegenüber wirksam anzusehen, wenn sie sich als eine unwirtschaftliche Handlung qualifiziert, wobei es auch gleichgültig ist, ob sie auf Grund eines vor der Beschlagnahme abgeschlossenen Mietvertrags erfolgte oder nicht. Der Ersteher kann sich nicht auf § 23 a. a. O. berufen, da das dort aufgestellte Veräußerungsverbot nur zu Gunsten des Beschlagnahmegläubigers wirkt (§ 20 Zw.-Verst.-Ges. im Zusammenhalt mit §§ 135, 136 B.G.B.). Die Bezugnahme auf §§ 10 Ziff. 6 und 91 Abs. 1 Zw.-Verst.-Ges. aber ist unzutreffend. Denn diese Bestimmungen haben dingliche Rechte, Rechte „am Grundstück", die der Subhastat einem Anderen nach der Beschlagnahme einräumt, zum Gegenstand. Die Miete ist jedoch kein Recht „am Grundstück", kein dingliches Recht (s. § 11 dieser Abhandlung). Es ist also m. E. kein gesetzlicher Anhaltspunkt vorhanden, wonach einer nach der Beschlagnahme erfolgten unwirtschaftlichen mietweisen Überlassung dem Ersteher gegenüber die Wirksamkeit abzusprechen wäre. Ein Bedürfnis nach einer solchen Vorschrift ist auch wohl kaum anzuerkennen. Denn der Ersteher, der ja doch an ein vor der Beschlagnahme vollzogenes, ihm nachteiliges Mietverhältnis für eine gewisse Zeit gebunden ist, hat einerseits die Möglichkeit, unmittelbar vor der Einsteigerung sich über die vollzogenen Mietverhältnisse zu erkundigen, andererseits als Schutzmittel die vorzeitige Kündigung gemäß § 57 Satz 2 Zw.-Verst.-Ges. Gegen eine nach der Beschlagnahme vorgenommene unwirtschaftliche Überlassung — z. B. Vermietung zu einem weit unter einem angemessenen Betrag angesetzten Mietzins oder an eine anrüchige Persönlichkeit — die einem günstigen Versteigerungsergebnis hindernd im Wege stehen kann, vermag aber der Beschlagnahmegläubiger unter Benützung der ihm durch das Zwangsversteigerungsgesetz gewährten Mittel einzuschreiten, worüber jedoch hier nicht weiter zu sprechen ist.

Ist aber dem Ersteher inhaltlich der Versteigerungsbedingungen das dem Beschlagnahmegläubiger zustehende Recht auf Austreibung des Mieters übertragen worden, so kann er von dem Mieter die sofortige Räumung des Grundstücks begehren[179]).

b) Eine von den Vorschriften des § 57 Zw.-Verst.-Ges. abweichende Regelung der Rechtsverhältnisse kann durch Festsetzung besonderer Versteigerungsbedingungen eintreten. Nach § 59 a. a. O. kann jeder Beteiligte eine von den gesetzlichen Vorschriften abweichende Feststellung der Versteigerungsbedingungen verlangen. „Beteiligter" ist gemäß § 9 des Gesetzes auch der Mieter oder Pächter, dem das Grundstück überlassen ist. Er kann daher beantragen, daß der Zuschlag unter Aufrechterhaltung des Mietverhältnisses zu erfolgen habe. Wird der Zuschlag in dieser Weise erteilt — unter welchen Voraussetzungen das zu geschehen hat, entscheidet sich nach § 59 und ist hier nicht weiter zu erörtern — so finden die gleichen Grundsätze wie bei der freiwilligen Veräußerung, im vollen Umfang Anwendung. Das vorzeitige Kündigungsrecht des Erstehers ist demnach ausgeschlossen.

Wird das Verlangen, den Zuschlag unter Aufrechterhaltung des Mietverhältnisses zu erteilen, von einem anderen Beteiligten gestellt, so ist die Zustimmung des Mieters nicht erforderlich, da dessen Rechte durch die beantragte Versteigerungsbedingung eine Beeinträchtigung nicht erleiden. Dagegen kann gemäß § 59 Abs. 1 Satz 2 eine Versteigerungsbedingung mit Wirksamkeit gegen den Mieter nicht ohne dessen Zustimmung festgestellt werden, wenn dessen aus § 57 Zw.-Verst.-Ges. sich ergebenden Rechte durch die Abweichung beeinträchtigt werden, z. B. wenn der Ersteher das Recht erhalten soll,

---

[179]) Borcherdt S. 118; Jäckel, N. 1 Abs. 2 zu § 57 Zw.-Verst.-Ges.

von dem Mieter, dem das Grundstück in unanfechtbarer Weise überlassen ist, die sofortige Räumung zu verlangen.

c) Ist das Grundstück zur Zeit der Zwangsversteigerung dem Mieter noch nicht überlassen, so entsteht durch die Zwangsversteigerung ebensowenig wie durch die freiwillige Veräußerung ein Rechtsverhältnis zwischen dem Ersteher und dem Mieter. Dies ergibt sich aus dem allgemeinen Grundsatz, daß mangels besonderer gesetzlicher Vorschrift der Abschluß des Mietvertrags nur zwischen den Vertragsteilen Rechtsbeziehungen hervorbringt. Eine diesen Grundsatz durchbrechende Vorschrift enthält das Zwangsversteigerungsgesetz nicht. Von den gleichen Rechtsfolgen, wie bei der freiwilligen Veräußerung ist es für das Verhältnis zwischen dem Subhastaten als Vermieter zu dem Mieter, wenn der Ersteher die Überlassung des Grundstücks an den Mieter verweigert.

Es fragt sich, ob hier auch § 578 B.G.B. entsprechende Anwendung findet. Wolff[180]) und Jäckel[181]) bejahen dies, indem sie den Eintritt des Erstehers in das Mietverhältnis für den Fall behaupten, daß der Zuschlag unter der Bedingung der Übernahme des Mietvertrags erfolgt ist. Dem entgegen erachtet Mittelstein[182]) den § 578 nicht für anwendbar, weil auf ihn im Zwangsversteigerungsgesetz nicht verwiesen sei. M. E. ist der ersteren Ansicht beizutreten. Das Zwangsversteigerungsgesetz enthält eine positive Vorschrift über die Einwirkung der Subhastation auf das noch nicht vollzogene Mietverhältnis überhaupt nicht, sein § 57 hat ausschließlich das durch Überlassung vollzogene Mietverhältnis zum Gegenstand. Die gestellte Frage ist daher aus den allgemeinen Grundsätzen über den rechtlichen Charakter der Zwangsversteigerung zu entscheiden. Nach richtiger Auffassung charakterisiert sich diese nicht als ein von dem Versteigerungs-

---

[180]) N. 3 zu § 57 Zw.-Verst.-Ges.
[181]) N. 1 zu § 57 Zw.-Verst.-Ges.
[182]) S. 307.

beamten kraft seiner Amtsgewalt vorgenommener öffentlich-rechtlicher Akt, sondern als privatrechtliches Geschäft, als Kaufgeschäft. Allerdings leitet der Versteigerungsbeamte kraft seiner Amtsgewalt das Verfahren und erteilt den Zuschlag, durch welchen der Ersteher das Eigentum erwirbt, als Verkäufer ist aber der Subhastat zu erachten, dessen fehlender Wille im Zwangsvollstreckungsverfahren durch die Zwangsvollstreckung ersetzt wird. Noch weniger unterliegt die Annahme eines Kaufgeschäfts einem Bedenken in den Fällen der Nachlaß- und der Teilungssubhastation. Diese rechtliche Natur der Zwangsversteigerung ist überzeugend von Wolff [183]) dargethan, auf dessen Ausführungen hier Bezug genommen wird.

Charakterisiert sich somit die Zwangsversteigerung als Kaufgeschäft, so müssen folgerichtig die für den Fall des Kaufes geltenden Sätze des B.G.B. Anwendung finden, insoweit sich nicht aus dem Zwangsversteigerungsgesetz etwas Gegenteiliges ergibt. Hieraus folgt aber die entsprechende Anwendbarkeit des § 578 B.G.B. Die als praktisch in Betracht kommende Form der Übernahme der sich aus dem Mietverhältnis ergebenden Verpflichtungen ist die bereits erwähnte Übernahme auf Grund der Versteigerungsbedingungen, die sich gemäß der erörterten rechtlichen Natur der Zwangsversteigerung als Übernahme „dem Vermieter — d. i. dem Subhastaten — gegenüber“ qualifiziert. Die Festsetzung einer hierauf abzielenden Versteigerungsbedingung kann hier allerdings der Mieter nicht beantragen, da er mangels der Überlassung des Grundstücks nicht „Beteiligter“ im Sinne der §§ 59 und 9 Zw.-Verst.-Ges. ist. Die Wirkung des § 578 B.G.B. kann aber auch dann nicht versagt werden, wenn — was freilich praktisch kaum vorkommen wird — der Ersteher in unmittelbarer Vereinbarung mit dem Subhastaten die Erfüllung der Vermieterverpflichtungen übernimmt, da die Über-

[183]) N. zu § 90 Zw.-Verst.-Ges. (S. 175, 176).

nahme, wie in § 8 dieser Abhandlung erörtert, nicht inhaltlich des Kaufgeschäftes selbst zu erfolgen braucht.

Findet die Übernahme der Verpflichtungen statt, so ergibt sich aus der Natur der Sache, daß sie hier nicht wie die Überlassung des Grundstücks an den Mieter nur mit den aus § 57 Zw.-Verst.-Ges. sich ergebenden Beschränkungen wirksam ist, sondern selbstverständlich die volle Wirkung hat, die der Übernahme der Verpflichtungen auch im Falle des vollzogenen Mietverhältnisses, wie oben unter b besprochen, zukommt.

2. Als Zwangsversteigerung in einem weiteren Sinne des Wortes kommt die Nachlaßsubhastation gemäß § 175 Zw.-Verst.-Ges., sodann die Versteigerung zum Zwecke der Aufhebung einer Gemeinschaft gemäß § 180 a. a. O. in Betracht. Für die erstere haben nach Vorschrift des § 176 a. a. O. in Ansehung der Mietverhältnisse die für die Zwangsversteigerung im Zwangsvollstreckungsverfahren geltenden Bestimmungen im vollen Umfang Anwendung zu finden. Für die letztere greift aber gemäß § 183 a. a. O. die Einschränkung Platz, daß dem Ersteher das Kündigungsrecht nach § 57 Satz 2 und 3 nicht zusteht. Der wesentlichste Unterschied zwischen der freiwilligen und der zwangsweisen Veräußerung in ihren Wirkungen auf das Mietverhältnis ist hier sonach wieder beseitigt, der Satz: „Kauf bricht nicht Miete" kommt hier wieder zur vollen Geltung. Dies entspricht auch der Natur der Versteigerung zum Zwecke der Gemeinschaftsaufhebung, die ihrem inneren Wesen nach einer von den Teilhabern vollzogenen freiwilligen Veräußerung sehr nahe steht. Die übrigen Verschiedenheiten in den Wirkungen auf das Mietverhältnis — insbesondere die Nichtanwendbarkeit des § 573 Satz 2 B.G.B. — bleiben jedoch bestehen.

Auseinanderzuhalten von der Versteigerung nach § 180 Zw.-Verst.-Ges., welche auf Antrag eines Teilhabers vom Gericht angeordnet wird, ist aber eine Versteigerung, die auf Grund einer Einigung sämtlicher Gemeinschaftsgenossen ohne Herbeiführung gerichtlicher Anordnung vorgenommen wird. Eine solche Versteigerung — deren Zulässigkeit nicht zu bezweifeln ist, da § 753 B.G.B. nur eine dispositive Vorschrift enthält und in erster Linie abweichende Vereinbarungen der Beteiligten gelten läßt[184]) — ist nichts anderes als eine freiwillige Veräußerung und für sie kommen sonach die §§ 571 ff. B.G.B. unter völligem Ausschluß der Vorschriften des Zwangsversteigerungsgesetzes zur Anwendung.

Es kann der Fall eintreten, daß die beiden Arten der Subhastation im weiteren Sinn, die Nachlaß- und die Teilungssubhastation sich vereinigen, z. B. wenn der eine Miterbe die erstere und sodann ein anderer Miterbe die letztere Art der Subhastation beantragt, oder umgekehrt[185]). In diesem Fall gerät § 180 mit § 183 Zw.-Verst.-Ges. in Kollision. Die Lösung findet Wolff[186]) darin, daß die stärkeren Wirkungen der Nachlaßsubhastation unter Ausschließung des § 183 zur Anwendung zu kommen haben, welcher Meinung beizupflichten ist.

§ 11.

VI. Die juristische Natur der Miete.

Anknüpfend an die im vorstehenden gegebene Darstellung der Rechtswirkungen, welche die Veräußerung und Belastung des Grundstücks auf das Mietverhältnis ausübt, soll zum Schlusse noch die Streitfrage über die juristische Natur der Miete berührt werden.

Durch die Aufnahme des Grundsatzes „Kauf bricht nicht Miete" für das vollzogene Mietverhältnis hat das Gesetz

---

184) Vgl. Planck und Oertmann, Bem. zu § 753 B.G.B.

185) Vgl. Wolff, N. 5 und 6 zu § 180 Zw.-Verst.-Ges.

186) N. 2 zu § 183 Zw.-Verst.-Ges.

dem Rechte des Mieters eine über die Person des Vertragsgegners, des Vermieters, hinausgehende, gegen jeden Erwerber des Grundstücks gerichtete Wirkung beigelegt, welche die Frage auftauchen ließ, ob das Recht des Mieters durch die Überlassung des Grundstücks an ihn die Eigenschaft eines dinglichen Rechtes erlange. Nach dem Vorgang von Fischer, der die dingliche Natur der Miete behauptete[187]), wurde diese Auffassung nachdrücklich von Cosack[188]) vertreten, auf dessen Seite noch Meisner[189]) und Kuhlenbeck[190]) stehen. Nach der Meinung dieser Schriftsteller ist das dingliche Mietrecht ein der Reallastberechtigung ähnliches Recht, nämlich die dingliche Befugnis des Grundstücksmieters, das Grundstück in Gemäßheit des Mietvertrags zu gebrauchen.

Diese Auffassung ist jedoch von der herrschenden Lehre als unrichtig verworfen. Verneint wird die dingliche Natur insbesondere von Crome[191]), Schollmeyer[192]), Endemann[193]), Planck[194]), Oertmann[195]), Mittelstein[196]), Staudinger[197]). Auch Fischer wandte sich später von seiner früher vertretenen Meinung ab und trat der herrschenden Ansicht bei[198]). Eingehende Bekämpfung hat die Annahme der dinglichen Natur namentlich durch Crome in der citierten Schrift gefunden, auf dessen Ausführungen hier füglich verwiesen werden kann.

Mit Recht wird von der herrschenden Lehre die Annahme einer dinglichen Natur des Mietrechts als unhaltbar

---

[187]) S. 16 ff.
[188]) II S. 280 ff.
[189]) N. 3 zu § 571.
[190]) N. 1, 2 zu § 571.
[191]) Die juristische Natur der Miete.
[192]) S. 52.
[193]) I S. 760.
[194]) N. 1 zu § 571.
[195]) Vorbem. zu §§ 571—579.
[196]) S. 299 ff.
[197]) Bem B I zu § 571 (S. 357).
[198]) Fischer-Henle, N. 3 zu § 571.

bezeichnet. Allerdings muß zugegeben werden, daß sich Cosack gegenüber einigen gegen seine Meinung erhobenen Einwürfen mit Erfolg verteidigt, wenn er folgendes erwidert: 1. Gegen den Einwand, daß das B.G.B. das Mietrecht nicht im Sachenrecht, sondern bei den Forderungsrechten behandle: Auch das gesetzliche Pfandrecht findet seine Regelung an dieser Stelle. 2. Gegen den Einwand, daß das Mietrecht von der Eintragung ins Grundbuch ausgeschlossen sei: Auch die — zweifellos dinglichen — Rentenrechte aus § 914 sind nicht eintragungsfähig. 3. Dagegen, daß der Erwerber mit seinem ganzen Vermögen hafte und nicht bloß mit dem Grundstück oder bis zu dessen Wert, wie bei der Reallast: Auch für die Reallast ist in § 1108 die Haftung des jeweiligen Grundstückseigentümers mit seinem ganzen Vermögen vorgeschrieben und warum soll ein Recht dadurch, daß ihm eine persönliche Haftung eines bestimmten Schuldners hinzugefügt wird, an seiner Dinglichkeit einbüßen? 4. Dagegen, daß das Mietrecht nach dem Sprachgebrauch des B.G.B. nicht zu den Rechten „am“ Grundstück zähle: Auch das possessorische Besitzrecht ist kein Recht „am“ Grundstück und doch ein dingliches, gegen jeden Dritten wirksames Recht.

Nicht zu widerlegen vermag aber Cosack die weiteren seiner Meinung entgegenzuhaltenden Gründe, insbesondere das von Crome mit Nachdruck vorgebrachte Argument, daß der Grundsatz „Kauf bricht nicht Miete“, wie sich aus den Beratungen der zweiten Kommission mit aller Deutlichkeit ergibt, nur als Ausnahmevorschrift in das Gesetzbuch aufgenommen wurde und sich als Anomalie gegenüber dessen System darstellt. Es wäre, so betont Crome zutreffend, geradezu unverständlich, wie die Kommission von einer Anomalie hätte sprechen können, wenn die Miete durch die Vorschrift des § 571 zu einem dinglichen Recht geworden wäre, da ja doch die Wirksamkeit des Mietrechts gegenüber dem Singularsuccessor des Vermieters sich als normale Folge aus dem dinglichen Charakter ergeben müßte. Treffend ist u. a.

auch der von Crome gemachte Hinweis auf die gesetzliche Gleichstellung des Falles der vollzogenen Miete mit dem Falle der Übernahme der Mietverpflichtungen seitens des Erwerbers, welchenfalls der Schutz des Mieters unter solchen Umständen gewährt ist, bei denen jeder Gedanke an die Dinglichkeit ausgeschlossen ist.

Cosack muß zugeben, daß die von ihm aufgestellten Sätze über den Inhalt des „dinglichen Mietrechts" im Gesetzbuch selbst nicht ausgesprochen sind, vielmehr dem Mieter in § 571 und § 577 ein Rechtsschutz nur gegen solche Personen zugebilligt ist, die nach der Überlassung des Grundstücks an den Mieter durch Rechtsgeschäft das Eigentum oder ein beschränktes dem Mietgebrauch widersprechendes dingliches Recht an dem Grundstück erlangt haben. Indessen sei, so argumentiert er, der Schluß unabweislich, daß der Mieter, wenn er gegen die Störungen einer ein Recht an dem Grundstück besitzenden Person geschützt sei, um so mehr gegen die Störungen eines völlig Unbefugten geschützt sein müsse. Dieser Schluß bildet die Grundsäule seiner Konstruktion, da mit dem Beweise der Wirksamkeit gegen jeden Dritten die dingliche Natur des Mietrechts bewiesen wäre.

Dieser Schluß ist aber nicht zutreffend. Wie von Crome überzeugend nachgewiesen, ist der Schutz des Mieters gegen Dritte auf die possessorischen Rechtsmittel beschränkt, d. h. der Mieter ist zwar als Besitzer der Mietsache gegen thatsächliche Störungen seitens eines Dritten geschützt, hat aber keine petitorische Klage gegen einen Dritten, der sich ein Recht an dem Mietgrundstück anmaßt, vielmehr verweist ihn in einem solchen Fall das Gesetz ausschließlich auf seinen Vermieter, der nicht nur in der rechtlichen Lage, sondern auch auf Grund des Mietverhältnisses verpflichtet ist, dem Mieter zur Wahrung seiner Rechte zu verhelfen. Für den Schutz des Mieters ist also vom Gesetze gesorgt.

Hiergegen versucht Cosack mit einem nicht gerade naheliegenden Beispiel zu operieren. Er setzt den Fall, daß der

Mieter von B als dem Erben des Vermieters A gewaltsam aus dem Besitz gesetzt wird und der Legatar C, dem der Nießbrauch am Grundstück vermacht ist, dieses vom Erben überantwortet erhält, ohne von der Gewaltthat Kenntnis zu haben, und daß nun der Mieter gegen den Legatar mit Rücksicht auf dessen guten Glauben nicht possessorisch, sondern petitorisch auf Herausgabe des Grundstücks klagt. Gemäß § 577 müßte der Mieter auch obsiegen, aber nach der von Cosack bekämpften herrschenden Anschauung muß er unterliegen, wenn, wie Cosack weiterhin unterstellt, sich während des Prozesses ein späteres Testament des A vorfindet, demzufolge nicht B, sondern E als Erbe eingesetzt ist und C den Nießbrauch nicht vermacht erhält. Daß hier der Mieter, weil C gänzlich ohne Recht in Ansehung des Grundstücks sei, mit seiner Klage unterliege und sich nun erst an E zu halten habe, um durch diesen sein Recht sich verschaffen zu lassen, müsse, wie er meint, die Verneinung der dinglichen Natur diskreditieren. Dies kann nicht zugegeben werden. Allerdings kann im gesetzten Beispielsfall nicht anders entschieden werden. Der Mieter erleidet durch die Abweisung der Klage, die bei ihrer Anstellung als begründet angesehen werden mußte, ein finanzielles „Unglück". Aber ist z. B. nicht auch ein Gläubiger, der nach dem Tode seines Schuldners seinen Anspruch gegen dessen Erben klageweise geltend macht, das Opfer eines solchen „Unglücksfalles", wenn sich während des Prozesses ein Testament des Schuldners vorfindet, inhaltlich dessen die Einsetzung des Beklagten widerrufen und ein anderer als Erbe eingesetzt ist?

Als noch bedenklicher bezeichnet es Cosack, daß bei Verneinung der dinglichen Natur im Falle der Preisgebung des Mietgrundstücks durch den Vermieter nach § 928 der dieses sich aneignende Fiskus berechtigt sei, den Mieter auszutreiben. Allerdings ist diese Berechtigung vorhanden. Für diesen Fall ist eben vom Gesetze ein Schutz des Mieters nicht vorgesehen, da § 571 nach seinem deutlichen Wortlaut den Grundstückserwerber nur für den Fall der Veräußerung durch den Vermieter an das Mietverhältnis bindet. Diese Ausnahme wird aber für das praktische Leben so gut wie keine Rolle spielen. Denn die Besitzaufgabe nach § 928 wird eine äußerst seltene Erscheinung sein und wenn einmal eine solche erfolgt, so werden die Verhältnisse des betreffenden Grundstücks sicherlich derart liegen, daß auch einem Mieter das Verbleiben auf ihm einen Vorteil kaum bieten wird.

Wenn Cosack endlich bemängelt, daß vom Standpunkt der von ihm bekämpften Anschauung der Mieter, der von einem fälschlich als Eigentümer eingetragenen Nichteigentümer gemietet habe, sich nicht auf die grundbuchrechtliche Fiktion des § 892 berufen könne, auch für einen Prozeß aus § 577 Satz 2 nicht der ausschließliche dingliche Gerichtsstand nach § 24 R.C.P.O bestehe, welche beide Konsequenzen recht unzweckmäßig seien, so betont dem gegenüber Mittelstein [199]) zutreffend, daß die „Zweckmäßigkeit" nicht entscheidend für die Beurteilung der Frage sein kann, daß auch den Mieter einer beweglichen Sache, der von einem Nichteigentümer gemietet hat, nicht der gute Glaube schützt, daß übrigens sogar bei Anerkennung der dinglichen Natur des Mietrechts dem Mieter der Schutz des § 892 nicht zugebilligt werden könnte, da der Mieter, wie Cosack selbst zugeben muß — siehe oben — kein Recht „am Grundstück" hat, daß endlich auch das Begehren eines dinglichen Gerichtsstandes nicht veranlaßt ist, da ebenso wie für die Rechtsbeziehungen zwischen dem Vermieter und Mieter, auch für diejenigen zwischen dem Erwerber und dem Mieter der konkrete Mietvertrag die Grundlage bildet.

Daß dem B.G.B. der Gedanke, das Mietrecht durch die Überlassung der Mietsache an den Mieter zu einem dinglichen Rechte zu gestalten, fremd ist, kann endlich auch angesichts der Bestimmungen des Einführungsgesetzes zum B.G.B.

[199]) S. 301.

nicht bezweifelt werden. Dies zeigt deutlich der Zusammenhalt des Art. 184 mit Art. 172 l. c. Während ersterer von den dinglichen Rechten handelt, hat letzterer, der seine Stellung in Mitte von Übergangsbestimmungen für obligatorische Schuldverhältnisse einnimmt, den Schutz des Mieters nach Maßgabe der §§ 571 ff. B.G.B. zum Gegenstand. Hiermit steht auch die Ausdrucksweise des § 9 des Zwangsversteigerungsgesetzes im Einklang, woselbst das Miet- und Pachtrecht, auf Grund dessen das Grundstück dem Mieter bezw. Pächter überlassen ist, im Gegensatz zu den Rechten „am Grundstück" genannt ist.

Es ergibt sich sonach das Resultat, daß dem Mietrecht der dingliche Charakter abzusprechen ist. Seine obligatorische Natur erleidet eine Veränderung nicht. Einen eigenartigen Charakter, durch den sie sich von anderen Schuldverhältnissen unterscheidet, weist aber die Miete vermöge der Besonderheit auf, daß der Grundstückserwerber, obwohl außerhalb des Vertrages stehend, unter den gesetzlich aufgestellten Voraussetzungen für die Dauer seines Eigentums kraft Gesetzes an die Stelle des Vermieters in das Mietverhältnis eintritt, daß sonach eine gewisse Gebundenheit des Grundstücks in das Mietverhältnis besteht[200]). Mit Rücksicht hierauf erblickt Schollmeyer[201]) in der Miete von Grundstücken eine „Zustandsobligation". Ihm schließt sich Endemann[202]), Planck[203]) und Oertmann[204]) an. Wenn letzterer von der Miete als „Realobligation" spricht, so liegt lediglich eine andere Bezeichnung vor, ohne sachliche Abweichung von der Auffassung der vorgenannten Schriftsteller, denen er sich in der Sache selbst anschließt.

[200]) Vgl. Crome S. 31.
[201]) S. 51.
[202]) I S. 760.
[203]) N. 1 zu § 571.
[204]) Vorbem. zu §§ 571—579.

J. Schweitzer Verlag (Arthur Sellier) München

Jaeger, Dr. E., o. Professor in Würzburg, **Das Bürgerliche Gesetzbuch mit Nebengesetzen** und einem Gesamtregister für den praktischen Gebrauch. Erschienen sind Ausgaben für:

Das Deutsche Reich. ca. 30 Reichsgesetze. geb. Mk. 6.—.

Das Königreich Preußen. 70 Gesetze. geb. Mk. 11.—.

Das Königreich Bayern. 60 Gesetze. geb. Mk. 10.50.

Das Königreich Sachsen. 70 Gesetze. geb. Mk. 11.—.

Das Großherzogtum Baden. 70 Ges. geb. Mk. 11.—.

D. Reichsl. Elsaß-Lothringen. 65 Ges. geb. Mk. 11.—.

Maenner, K., k. Oberlandesgerichtsrat, **Das Recht der Grundstücke nach dem BGB. und der Grundbuchordnung für das Deutsche Reich.** 8°. (VIII, 408 Seiten), broschiert Mk. 9.—, in Halbfranz gebd. Mk. 11.—.

Meyer, Karl, k. Landgerichtsrat, **Die Konkursordnung für das Deutsche Reich nebst den zugehörigen Einführungsgesetzen und das Reichsgesetz, betr. die Anfechtung von Rechtshandlungen eines Schuldners rc.** Handausgabe mit Erläuterungen, ausführlichem Sachregister und einem Anhang. 8°. (30 Bogen.) In Ganzleinen geb. Mk. 6.—.

Reidel, F., k. Amtsrichter, **Gesetz über die Angelegenheiten der freiwilligen Gerichtsbarkeit** vom 17. Mai 1898. Handausgabe mit Erläuterungen und Sachregister. In Ganzleinen gebunden M. 3.20.

Kahn, Dr. Jul., Rechtsanwalt und Sekretär der Handels- und Gewerbekammer für Oberbayern, **Das Gesetz zur Bekämpfung des unlauteren Wettbewerbes** vom 27. Mai 1896. Handausgabe mit Anmerkungen. In Ganzleinen gebunden Mk. 2.40.

Schweyer, Dr. Frz., k. Bezirksamtsassessor, **Die Bankdepotgeschäfte** in geschichtlicher, wirtschaftlicher und rechtlicher Beziehung dargestellt. gr. 8°. (VI, 171 S.) Mk. 3.50.

Bonschab, Fr., Rechtskund. Vorstandsmitglied der Bayer. Landwirtschaftsbank, **Das Reichsgesetz, betr. die Erwerbs- und Wirtschaftsgenossenschaften,** vom 1. Mai 1889. In der Fassung des gemäß Art. 13 des Einführungsgesetzes zum Handelsgesetzbuch vom 10. Mai 1897 revidierten Textes. 8°. (VIII, 134 S.) Gebunden Mk. 3.—.

Bonschab, Fr., Hypothekenbankgesetz vom 13. Juli 1899. Handausgabe mit Erläuterungen und ausführl. Sachregister. 8°. (VIII, 69 S.) Gebunden Mk. 1.80.

Bonschab, Fr., Gesetz, betr. die gemeinsamen Rechte der Besitzer v. Schuldverschreibungen. Handausgabe mit Erläuterungen u. ausführl. Sachregister. 8°. (XII, 35 S.) Gebunden Mk. 1.—.

K. B. Hof- & Universitäts-Buchdruckerei Fr. Junge (Junge & Sohn) Erlangen.

Kolibri 360 GmbH
Ferdinand-Jühlke-Straße 7
99095 Erfurt, Deutschland
produktsicherheit@kolibri360.de